はじめに

　生成 AI の普及が教育の様々な面に影響を与えていく可能性があるなか、我々人間が AI を如何に有効に使っていくかが問われる時代となってきました。教育現場でも、個人がタブレットをもって学習する環境が整い、様々なアプリを使って学習することが日常化しています。

　このような背景のなか、2018年告示の「高等学校学習指導要領」の改訂では、近現代史を考察する世界史と日本史の融合科目として、新たに「歴史総合」が設けられました。「歴史総合」は、世界史と日本史を相互的な視野からとらえ、資料を活用しながら、政治・外交・経済・文化における事象を多角的・多面的に考察し、歴史の学び方を習得する科目です。そのうえ、みずからが「問い」を設定し、それに答えるために調べ学習をおこなって、歴史を読み解いていきます。しかし、そのためには、最低限の基礎知識をもつことが求められるうえ、協働学習や探究学習といった総合的な力も求められます。

　『スマホでまるっと攻略　歴史総合』は、この「歴史総合」の科目の趣旨に則った出題を、手軽にアプリを使って解答できる問題集です。さらに、アプリに加え、歴史の流れを紙面で視覚的に把握する書籍型の要素も加えたハイブリッドな問題集としました。

　書籍は、「歴史総合」の各項目のエッセンス部分の解説を、平易でわかりやすく、資料も活用しながら表示しました。項目全体を俯瞰したい場合には、とても便利に使うことができます。

　アプリは、【基礎】【標準】【応用】【アドバンス】の４部構成の問題集となっています。【基礎】【標準】【応用】では、基礎知識を固めることから、一般の入試問題や共通テスト対策の入試問題にまで対応できるよう工夫しました。そして【アドバンス】では、「歴史総合」の科目の趣旨に則り、その背景や原因・影響などについて問う問題を用意しました。このほか、用語集機能もついているため、用語の理解にもすぐに対応できるなど、１つの問題集で「歴史総合」をまるっとおさえられる構成にしてあります。そのうえ、アプリには、ゲーム要素を取り入れ、サクッと気軽に楽しく学べるよう、配慮しました。

　これからの時代は、問題集も従来の書籍型から、アプリ型に移行してくることが予測されます。時代の最先端を進む皆さんには、是非ともこのアプリ問題集を活用して、歴史の幅広さを学んでもらいたいと思います。その結果、大学受験や日頃の歴史学習の一助としてお使いいただき、素晴らしい成果が出せることを心から期待しています。

JN107634

編者　仙田　直人

■ 専用アプリの使い方

● まずはアプリをダウンロード！

　『スマホでまるっと攻略　歴史総合』は、専用アプリを利用することで、より学習効果が高まります。

　アプリのダウンロードはこちらから！

　※アプリは無料で利用できますが、ダウンロードには
　　データ通信料がかかります。
　※対応OS　iPhone/iPad：iOS11以降
　　　　　　Android：OS10以降

● アプリを使ってみよう！

　専用アプリを利用するには、書籍に記載されているパスワードの入力が必要です。

　アプリには、書籍に対応した各テーマ100問（計3500問）の問題に加え、書籍の本文中に赤字で示されている700語の用語集も収録されています。

　問題シャッフル機能もついているので、テーマや難易度を自由に選んでプレイすることも可能です。

　プレイ中に特定の条件を達成すると、テーマごとに異なるデザインのメダルを獲得できます。

　まるっと攻略をめざして、何度もプレイしてみましょう！

目次

産業革命・アメリカ独立革命・フランス革命

1 産業革命はなぜ18世紀後半のイギリスで始まったのだろうか？

1 産業革命の背景　英には自由な経済・資本・労働力・市場・地下資源がそろう

❶ 自由な経済活動
イギリス革命(17世紀)の結果、所有権が保証される

❷ 資本の蓄積(17〜18世紀)
重商主義政策の推進
大西洋三角貿易

❸ 豊富な労働力(18〜19世紀)
囲い込み
農業革命

❹ 豊富な地下資源・広大な植民地
鉄鉱石・石炭は国内で供給可能
七年戦争に勝利 ➡ 原料供給地・市場確保

2 経過　綿工業(紡績業と織布業)の発展と蒸気機関の発明により生産量が拡大

❶ なぜ綿工業から？　綿織物の需要拡大を受け、自国での生産をめざすため

❷ 技術革新

綿繰り　紡績　織布

蒸気機関
ニューコメンが発明(1712)
➡ **ワット**が改良(1769)

➡ **蒸気船**　フルトン(米)が試作(1807)
蒸気機関車　スティーヴンソンが改良(1814)
➡ 実用化(1825) ➡ 鉄道の普及

2 産業革命により社会はどのように変化したのだろうか？

1 社会の変化

資本主義体制の確立　資本をもつ経営者(資本家)が賃金労働者を工場で雇い、ほかの資本家と競争しつつ自由に生産・販売

資本家と**労働者**の対立　資本家が社会の中心となる ➡ 待遇に苦しむ
労働者は資本家に反発 ➡ **労働組合**を結成

2 他国への波及

イギリス　「世界の工場」として工業製品を輸出
後発国　仏(1830年代〜)、独・米(1840年代〜)、露・日(1890年代〜)

3 交通手段・通信手段の革新 ➡ 世界の一体化

交通網の発達　スエズ運河の開通(1869)、大陸横断鉄道の開通(1869)
通信手段の発達　電信の発明(1837) ➡ 大西洋横断電信網、アメリカ大陸横断電信網の完成

3 アメリカの独立はなぜ「革命」といわれるのだろうか?

① アメリカ独立革命の背景

背景 七年戦争後、イギリスは13植民地への重商主義政策を強化

❶ **13植民地**の特徴
北部 林業・漁業・海運業
南部 黒人奴隷を用いたプランテーション
＊宗派構成などにも違いが多い

← ❷ イギリスの**重商主義**政策
七年戦争後に課税強化

反発

印紙法(1765) ➡ 植民地側は**「代表なくして課税なし」**と主張し、撤回させる
茶法(1773) ➡ **ボストン茶会事件** ➡ イギリスによるボストン港封鎖 ➡ 対立激化

② アメリカ独立革命の経過　13植民地は国際的支援を獲得

1774.7.4 第1回大陸会議(フィラデルフィア)にて本国に抗議　　不当な課税を拒否

1775 戦争の開始

1776.7.4 **独立宣言**　**ジェファソン**らが起草　啓蒙思想の影響
➡ 第2回大陸会議で採択 ➡ **ワシントン**が総司令官に

1778 **フランス参戦**　駐仏大使フランクリンの活躍
➡ その後スペイン・オランダも参戦

1780 **武装中立同盟結成**　**エカチェリーナ2世**(露)が提唱 ➡ イギリスは孤立

1781 **ヨークタウンの戦い**　植民地側の勝利

1783 **パリ条約**で独立が承認され、ミシシッピ川以東の**ルイジアナ**も獲得

③ 合衆国憲法の制定　フィラデルフィアの憲法制定会議(1787)で成立

❶ **アメリカ合衆国憲法**の特徴　ⓐ 人民主権　ⓑ 連邦主義　ⓒ 三権分立
＊女性・先住民・黒人奴隷の権利は保障されない

❷ **アメリカ連邦政府**成立(1789)…**初代大統領ワシントン**(任1789～97)
＊連邦派(憲法に賛成、中央集権)と反連邦派(憲法に反対、州権主義)が対立

④ アメリカ独立革命の意義と限界

意義 自由主義や基本的人権を認める社会の実現、共和政のモデルを示す
影響 各国からの義勇兵の参加
➡ フランス革命やラテンアメリカの独立に影響　＊**「環大西洋革命」**
限界 女性・先住民・黒人奴隷の権利は保証されない

4 フランス革命は、なぜ複雑な経過をたどったのだろうか？

1 フランス革命の背景

❶ 絶対王政に対する不満

> **身分制社会の矛盾**
>
> ●国王ルイ16世
> ●**第一身分**(聖職者)・**第二身分**(貴族)
> …人口の2%、免税特権と土地保有
> ●**第三身分**(平民)
> …人口の90%超、重税、参政権なし

> **ブルジョワジー(富裕な平民)の成長**
>
> ＊経済力に見合う権利は認められず

刺激

アメリカ独立革命

❷ 深刻な財政難　アメリカ独立革命の際、植民地側を支援した戦費など
➡ 国王ルイ16世は**特権身分への課税**を試みる
➡ 特権身分は反発し、三部会の招集を要求

2 フランス革命の経過

> ### ❶ 革命の第一段階
> 1789.5　　三部会で議決方法の対立
> 　　　6　　ブルジョワジーと一部の特権身分が独自の新議会を結成
> 　7.14　**バスティーユ牢獄襲撃**　国王による新議会弾圧にパリ市民が抗議
> 　　　8　人権宣言…国民主権、人間の自由と平等、私有財産の不可侵を掲げる
>
> 革命の始まり

ラ＝ファイエットが起草

> **第一段階でめざしたのは立憲君主政**
> しかし国王がオーストリア逃亡をはかり失敗すると、国王への信頼は失墜

> ### ❷ 革命の第二段階
> **新議会**(立憲君主派×穏健共和派)
> **革命戦争の開始**(対墺・普)→連敗
> **王権停止の宣言**
> 革命戦争に初勝利

> ### ❸ 革命の第三段階
> **新議会**(穏健共和派×急進共和派)
> **共和政(第一共和政)樹立宣言**
> ルイ16世の処刑
>
> イギリスの提唱で対仏大同盟結成

> ### ❹ 革命の第四段階
> **急進共和派**の独裁が始まる ➡ 内外の危機に権力集中(恐怖政治)で対応
> 諸政策　**新憲法**(男性普通選挙、主権在民など)制定…実施されず
> 　　　　**貢租**(封建地代)**の無償廃止**、徴兵制(全男性)
> ➡ 革命戦争の好転、農民の保守化、ブルジョワジーの反発増大
> ➡ クーデタがおこり、恐怖政治の中心であった**ロベスピエール**が処刑される

❺ 革命の第五段階

新憲法（制限選挙、権力分散化）が成立

➡ 新政府は実行力不足、国民生活は不安定

➡ 王政復活をめざす勢力の反乱…**ナポレオン＝ボナパルト**により鎮圧
　私有財産の廃止めざす勢力の反乱計画…失敗

イタリア遠征・エジプト
遠征でも注目を集める

> 1799.11　ナポレオンがクーデタにより政府を打倒し、**革命終結を宣言**

5 ナポレオンは何を残し、なぜ没落したのだろうか？

1 革命から帝政へ

ナポレオンの政策

❶ 経済の混乱の収拾、イギリスと休戦

❷ 民法典（ナポレオン法典）制定（1804）➡ 革命の成果を定着させる
　＝私有財産の不可侵、法の前の平等、契約の自由などを規定

> 1804 国民投票により**皇帝**ナポレオン1世として即位　➡　**第一帝政**（～1815）

2 大陸支配から没落へ

大陸支配　ナポレオンは征服した周辺地域の併合・傀儡国家の建設を進める

❶ 神聖ローマ帝国解体、
　墺・普・露・西などの大国
　を従わせて覇権拡大

❷ 大陸封鎖令（1806）発布
　…大陸諸国にイギリスと
　の通商を禁じる

■ナポレオン全盛時代のヨーロッパ

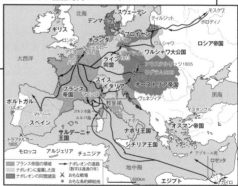

没落

❶ 各国における**ナショナリズム**の高まり・肉親支配への反発

❷ **ロシア遠征**（1812）…大陸封鎖令を無視するロシアへの制裁 ➡ 失敗

❸ 各地で**解放戦争**に敗北
　➡ 退位 ➡ **ワーテルローの戦い**（1815）で完全失脚 ➡ **流刑**

19世紀のヨーロッパとアメリカ大陸

1 フランス革命とナポレオンの時代を経て、ヨーロッパにはどのような動きがおこったのだろうか？

① **ウィーン体制**の成立　ウィーン会議(1814～15、メッテルニヒ〈墺〉が議長)で決定されたナポレオン後のヨーロッパ国際秩序

❶ フランス・ロシア・プロイセン・オーストリアによる利害の調整
- ●フランス革命前の王朝が復活　＊仏・西・ナポリでブルボン朝復活
- ●仏の国境線は革命前に戻り、露・普・墺は支配地域を広げる
- ●ナポレオン支配期の変化も一部追認 ➡ 神聖ローマ帝国は復活せず、**ドイツ連邦**(墺が盟主)が成立

❷ イギリスが海外に拠点獲得
スリランカ・ケープ植民地獲得

↓

5カ国の君主は、革命運動を鎮圧するために同盟

■ウィーン会議後のヨーロッパ

② **ウィーン体制**への抵抗の動き

❶ ブルジョワジー・知識人
自由主義の運動が高まる

❷ ナポレオンに支配された地域の人々
ナショナリズム(国民主義・民族主義)が高まる

共通点 身分にもとづく特権を否定
相違点 自由主義は、国民よりも個人の自由を優先
ナショナリズムは、個人よりも国民・民族の利益を優先

③ **ウィーン体制**の動揺

> ドラクロワ「民衆を率いる自由の女神」の題材

❶ 自由主義の影響
七月革命(仏、1830) ➡ 立憲君主政へ移行

❷ ナショナリズムの影響
ギリシアの独立　ヨーロッパ諸国の援助でオスマン帝国から独立
ベルギーの独立　イギリスの援助を受け、オランダから独立
＊ポーランド(対露)・アイルランド(対英)・北イタリア諸国(対墺)の独立運動
➡ 宗主国により鎮圧される

4 ウィーン体制の崩壊

❶ 1848年革命(諸国民の春) 自由主義・ナショナリズム・民衆の要求が噴出

●**二月革命**(仏) 立憲君主政が崩れ、**第二共和政**を樹立

➡ 二月革命後の仏 **ルイ=ナポレオン**が大統領に当選(1848)
国民投票により皇帝(**ナポレオン3世**)に即位(1852) — **第二帝政**の開始

●**三月革命**(墺) 二月革命の影響を受け、ウィーンで革命がおこる

➡ ハンガリー **コシュート**が独立運動を展開(露軍が鎮圧)

➡ イタリア ローマやヴェネツィアが共和国を建国
➡ 墺の干渉により挫折
サルデーニャ王国は解放と統一を掲げ、墺と戦争 ➡ 敗北

●**三月革命**(普) 二月革命の影響を受け、ベルリンで革命がおこる

●フランクフルト国民議会(全ドイツ議会)
自由主義者による統一ドイツ国家建
設の試み ➡ 挫折

❷ イギリスの状況

●ヨーロッパ大陸部との直接の
関わりを避ける

●革命ではなく改革により
政治・社会問題に対応
議会改革 19世紀を通じ選挙権が拡大
自由貿易体制への移行

- 穀物法廃止
- インドでの支配拡大
- 中国・日本などへ自由貿易を強いる

■1848年のヨーロッパ

※革命運動のおこった地

5 資本主義と社会主義

19世紀前半のヨーロッパ各国

工業化の進行により資本家と労働者の格差が拡大
➡ 労働者は組合をつくり雇用・賃金を守ろうとする

❶ 一部の知識人

資本主義の問題点を正すため対抗理論を模索 ➡ 総じて社会主義と呼ばれる

❷ マルクス

資本主義を分析し、問題点を指摘

➡ **エンゲルス**とともに社会革命の必要性を訴える(『**共産党宣言**』)

➡ **第1インターナショナル**(1864~76)の結成に活躍
=世界初の国際的な労働者組織、本部はロンドン

➡ パリ=コミューンを支持したことから、各国政府により弾圧を受け、解散

2 ヨーロッパ各国における国民国家形成はどのような過程をたどったのだろうか？

1 クリミア戦争 (1853〜56)

ナポレオン戦争以来の列強の戦争＝ウィーン体制は完全に崩壊

> 南下政策を進めるロシアが、オスマン帝国の国力低下を好機ととらえて
> バルカン半島に進出、開戦
> ➡ ロシアの突出を望まない英・仏・サルデーニャがオスマン帝国を支援
> ➡ ロシアは敗北、**パリ条約**(1856)で黒海の中立化を受け入れる

2 イギリスの繁栄

> ❶ **「パクス＝ブリタニカ(イギリスの平和)」**＝19世紀半ば〜後半の絶頂期
>   1851 **ロンドン万国博覧会**で工業力と技術力を世界にアピール
> ❷ **議会政治**の発展 **二大政党制**(自由党と保守党が交互に政権を担当)
> ❸ 内政改革 **選挙法改正** … 選挙権拡大(産業資本家 ➡ 都市労働者 ➡ 農業労働者)

3 フランス第二帝政と第三共和政

> ❶ **第二帝政**(1852〜70) **ナポレオン3世**は経済・軍事面での成功を追求
>   ● 経済 国内産業の成長を推進、公共住宅を建設し労働者にも配慮
>   ● 外征 **クリミア戦争、第2次アヘン戦争**
>   ● 崩壊 **プロイセン＝フランス(普仏)戦争**に敗北し、自身が捕虜となる(1870)
>
> ❷ **第三共和政** 臨時政府がドイツ軍に降伏
>
> 　　　　　　　　　　　　　　　　　　　　　[臨時政府軍により鎮圧]
>
> ➡ 降伏を屈辱とするパリ市民と社会主義者が**パリ＝コミューン**を樹立
> ➡ 第三共和国憲法を制定(1875)し、国民国家の整備を進める

4 イタリアの統一

■イタリアの統一

> ● 共和主義にもとづく統一運動**「青年イタリア」**
>   ➡ 仏に敗北
> ● サルデーニャによる統一運動 ➡ 墺に敗北
>   ➡ 国王**ヴィットーリオ＝エマヌエーレ2世**が
>   自由主義者**カヴール**を起用して近代化を
>   推進し、台頭

❶ **イタリア統一戦争**(1859) 墺に勝利 ➡ 領土拡大

❷ **両シチリア王国**占領(1860) **ガリバルディ**が占領地を
サルデーニャ王に献上

❸ **イタリア王国**成立(1861) 国王はヴィットーリオ＝
エマヌエーレ2世

❹ **統一実現**(1870) 北部(工業発展)と南部(農業地帯)
の経済格差が拡大

[イタリア統一運動]
☐ 1859年のサルデーニャ領
☐ 1859年イタリア統一戦争で獲得
☐ 1860年中部イタリア併合
☐ 1860年フランスに割譲
■ 1860年ガリバルディ献上
■ 1866年プロイセン＝オーストリア戦争で併合
■ 1870年ローマ教皇領併合
☐ 「未回収のイタリア」(オーストリア支配下に残された
イタリア語地域。1919年併合)

5 ドイツの統一

● フランクフルト国民議会の挫折
　➡ 統一の主導権はプロイセンのユンカーへ移行

■ドイツの統一

[プロイセンによるドイツ統一]
- ─── 1815〜66年のドイツ連邦境界線
- 1866年以前のプロイセン領
- 1866年プロイセン=オーストリア戦争で獲得
- プロイセン以外の北ドイツ連邦諸国
- 北ドイツ連邦とともにドイツ帝国を形成した諸国
- 1871年プロイセン=フランス戦争で獲得
- ─── 1871年ドイツ帝国境界線

❶「鉄血政策」

ユンカー出身のプロイセン首相
ビスマルクによる富国強兵策

❷ プロイセンによる統一の展開

デンマーク戦争(1864)
➡ **プロイセン=オーストリア戦争**に勝利(1866)
し、プロイセンを盟主とする**北ドイツ連邦**
成立(1867)

> オーストリアは統一ドイツから除外
> ➡ オーストリア=ハンガリー帝国成立

ドイツ統一の阻止をはかる**ナポレオン3世**と開戦し、圧勝
…**プロイセン=フランス(普仏)戦争**(1870〜71、ドイツ=フランス戦争)

> 占領下のヴェルサイユで、プロイセン国王がドイツ皇帝
> ヴィルヘルム1世として即位し、**ドイツ帝国**が成立(1871)

6 ビスマルクの政治

> ❶ **ドイツ帝国**　官僚と軍部はユンカーが独占、政治の主導権は**ビスマルク**が握る
>
> ❷ 内政　「**文化闘争**」(1871〜80) 南独のカトリック勢力(中央党、反普)を弾圧
> 　**社会主義者鎮圧法**(1878〜90)　工業化進展による労働運動進展を警戒
> 　**社会保険制度**の整備　労働者を国家に統合＝社会主義運動の切り崩し
> 　＊背景は、工業化にともなう労働運動の伸張　社会主義政党の成立
>
> ❸ 外交　基本方針は仏の孤立化と産業発展のための平和維持(ビスマルク外交)
> 　**三帝同盟**(独・露・墺、1873)
> 　**ベルリン条約**締結(1878)　　　　　サン＝ステファノ条約(露土戦争の講和条約)
> 　三国同盟締結(独・墺・伊)　　　　　での露の勢力拡大に対する英・墺の反発を
> 　　　　　　　　　　　　　　　　　　受け、「公正な仲介者」として利害を調整

7 ロシアの近代化

> きっかけ　クリミア戦争での敗北
> 改革の開始　**アレクサンドル2世**による
> 　農奴解放令(1861)　領主(貴族)の支配からの農民の解放をめざす
> 　　＊土地は有償 ➡ 農民は土地と引き換えに国家に多額の債務を負う
> 　　➡ 皇帝は強大な権限を保持、身分制も残存
> 　　➡ 急進的社会主義革命をめざす知識人や一部の青年は
> 　　　テロリズムを肯定
> 　結果　アレクサンドル2世がテロリストに暗殺され、改革は挫折

8 国際的諸運動の進展

● 国際赤十字の創設 ← 創設者はスイスのデュナン

● 郵便・電信に関する国際組織の創設

● 国際オリンピック大会の始まり(1894)

---

3 アメリカ大陸における国民国家形成はどのような過程をたどったのだろうか？

1 大西洋移民

「新大陸」発見〜18世紀末までにヨーロッパから多数の移民が入植

先住民(インディオ)や連れてこられたアフリカ系の人々

> ● メキシコ以南(ラテンアメリカ)　入植者は単身男性が多く、混血が進む
> ● 北アメリカ　家族移民が多く、先住民との混血はわずか
> ＊この他、多数の奴隷がアフリカから南北アメリカ大陸に送り込まれる
> 　➡ ヨーロッパ各国で奴隷が禁止されると、移民はヨーロッパ系がほとんどに

2 ラテンアメリカ諸国の独立運動

> ❶ 背景　アメリカ独立革命の成功とナポレオン戦争による本国(西・ポ)の動揺
> ❷ おもな担い手　現地生まれの白人(クリオーリョ)
> ❸ 展開　きっかけはナポレオン軍によるスペイン・ポルトガルへの侵入
> 　● ポルトガル植民地　ポルトガル王室が植民地ブラジルに脱出
> 　　➡ ナポレオン戦争後、皇太子がブラジルに残り独立宣言
> 　● スペイン植民地　クリオーリョのボリバルらの活躍と英米の
> 　　　　　　　　　　対応に助けられ独立戦争が有利に進む
> ❹ 独立を取り巻く国際環境
> 　● イギリス　独立により自由貿易が実現することに期待を寄せ、独立を支援
> 　● アメリカ　モンロー宣言(南北アメリカ大陸とヨーロッパの相互不干渉提唱)

3 アメリカ合衆国の拡大　大量の移民が領土拡大と都市の成長を後押し

■アメリカ合衆国の領土拡張

❶ 領土の拡大…独立後急速に進展

- ● 1803　フランスから**ルイジアナ**購入　＊領土が倍増
- ● 1845　テキサス併合
- ● 1846　オレゴン地域をイギリスと共同統治とし、北緯49度以南併合
- ● 1848　**アメリカ＝メキシコ戦争**に勝利し、カリフォルニア地域を獲得

❷ 都市の成長

- ● **ニューヨーク**　ロンドン・パリにつぐ世界有数の人口規模に成長

  ＊19世紀後半には、東アジアからの移民も開始

  一方、先住民は居住地を奪われ西部へ強制移住させられる

4 南北戦争

❶ 国内の対立

- ● **独立直後の対立**　連邦政府と州政府のどちらに大きな権限を認めるかで対立
  - ➡ 当初は連邦派が優位
  - ➡ のちに反連邦派が主流となる

❷ 南北の対立

- ● **北部**　**アメリカ＝イギリス戦争**(1812〜14)で英との貿易が途絶
  - ➡ 工業化開始
- ● **南部**　北部・英での綿工業の発達
  - ➡ **奴隷制**にもとづく綿花栽培が経済の主軸に

	中心産業	貿易政策	政治	奴隷制	支持政党
北部	商工業	保護関税貿易	連邦主義	拡大反対	共和党
南部	大農場(綿花)	自由貿易	州権主義	肯定	民主党

❸ 内戦の勃発

- ● 奴隷制反対派が共和党を結成 ➡ **リンカン**が大統領に当選
  - ➡ リンカンは南部懐柔を試みるが、南部は新国家(アメリカ連合国)を樹立し、内戦開始(南北戦争)

❹ 内戦の展開

- ● 当初は南部が優勢
  - ➡ 北部は［西部の支持獲得のため開拓者優遇政策をとる／国際世論に訴えるため**奴隷解放宣言**を発する
- ● 後半は工業力にすぐれる北部が盛り返し、最終的に北部が勝利

❺ 内戦後のアメリカ合衆国

- ● **西部**　**交通革命**の恩恵を受け、農業発達　大陸横断鉄道(1869開通)
- ● **北部**　工業がいっそうの発展をとげる ➡ 世界最大の**資本主義**国へ
- ● **南部**　戦後、奴隷を解放するも白人は旧奴隷の政治参加阻止の活動を展開

西アジアの変容と南アジア・東南アジアの植民地化

1 19世紀の西アジアが直面した「危機」とはどのようなものであったのだろうか？

1 西アジアの変容

> **背景** 内外の危機
>
> ●フランス革命・ナポレオン**のエジプト遠征**の影響
>
> ➡ バルカン半島での民族独立運動開始 **ギリシア独立運動**
> エジプトの自立化 **エジプト＝トルコ戦争**
>
> ●イギリス・ロシアの干渉
>
> ➡ オスマン帝国・イラン（ガージャール朝）・アフガニスタンの領域で抗争
>
> ・**ロシア** 19世紀には、黒海・バルカン半島・中央アジアで南下政策を展開
>
> ・**イギリス** インドへの連絡路確保をはかる

> **経過** 「東方問題」の展開とともに進む
>
> **ギリシア独立運動**（1821〜29）
> エジプト＝トルコ戦争（1831〜33、39〜41）
> クリミア戦争（1853〜56）
> ロシア＝トルコ（露土）戦争（1877〜78）

> **影響**
>
> ●オスマン帝国の衰退と西アジア諸地域の近代化
>
> ●パン＝イスラーム主義の広まり

2 エジプトの自立化・近代化とイギリスの支配拡大

> ❶ 自立化 きっかけは、ナポレオンによる**エジプト遠征**
> 遠征後、オスマン軍人の**ムハンマド＝アリー**が民衆の支持を獲得
>
> ➡ エジプト総督に任命され、**ムハンマド＝アリー朝**（1805〜1952）を創始
>
> ➡ シリア領有とエジプト世襲権を要求し、2度の**エジプト＝トルコ戦争**に勝利
>
> ➡ 列強の干渉によりエジプト・スーダンの総督世襲を認められるにとどまる

> ❷ 近代化 **ムハンマド＝アリー**が富国強兵と殖産興業を推進
> 徴兵制導入、綿花などの商品作物の栽培奨励・専売制導入
>
> ➡ たびかさなる戦争、急激な改革により財務状況が悪化
>
> ➡ 自律的な経済発展の道が閉ざされる

> ❸ イギリスの干渉
>
> ●**トルコ＝イギリス通商条約** エジプトに適用 ➡ 専売の利益・関税自主権の喪失
>
> ●スエズ運河建設 フランス人**レセップス**の提案を受け建設を開始（1869開通）
>
> ➡ 巨額の債務のため財政が破綻し、スエズ運河株式をイギリスに売却（1875）
>
> ➡ 英仏の財務管理下におかれ、内政の支配も受ける

●ウラービー運動（1881～82）　外国支配に反抗するもイギリスが制圧

➡ 事実上のイギリスの保護国となる

3 オスマン帝国の改革

❶ 大規模な**西欧化改革**（タンジマート）

内容 司法・行政・財政・軍事・教育における上からの近代化

目的 法による支配にもとづいた近代国家への転換をはかる
列強の干渉の排除と帝国の再編・強化をはかる

影響 制度の不備・**トルコ＝イギリス通商条約**（不平等条約）により、
ヨーロッパ資本の急速な進出をまねき、土着産業が衰退

➡ クリミア戦争などの戦費負担も重なり財政破綻

❷ オスマン帝国憲法（ミドハト憲法）の発布（1876）

起草者 大宰相ミドハト＝パシャ

目的 バルカン半島のスラヴ系諸民族の反乱と
ロシアの干渉という政治的危機の打開

内容 宗教・民族を問わずすべてのオスマン人に自由と平等を保障
二院議会制度を明記

影響 スルタンのアブデュルハミト２世は議会の急進化を恐れ、
ロシア＝トルコ（露土）戦争を理由にして議会を停会
＝憲法は事実上停止

➡ 戦争に敗北し、バルカン半島の領土を失う
スルタンはカリフの権威を示して宣誓をおこない、
帝国の維持をはかる

4 イラン

❶ ガージャール朝（1796～1925）

19世紀初頭のロシアとの戦争に敗北

➡ カフカスの領土を割譲、露に通商上の特権を認める
国内では専制的な統治を行う

❷ パン＝イスラーム主義の広がり

ヨーロッパ諸国の侵略を、ムスリム知識人は「イスラーム世界の危機」と認識
アフガーニーによる**パン＝イスラーム主義**の提唱
＝スンナ派とシーア派の別なく、ムスリムの覚醒と連帯を訴える

➡ エジプトの**ウラービー運動**、イランの**タバコ＝ボイコット運動**に
多大な影響を与える

2 イギリスのインド植民地化はどのように進められたのだろうか？

1 イギリスのインド支配 ムガル帝国が衰退するなかで進む

❶ イギリス東インド会社の勢力伸張
- プラッシーの戦い(1757) フランスの支援を受けた現地勢力に勝利
  ➡ **ベンガル地方**で勢力を伸張し、徴税権(ディーワーニー)・支配権を獲得

❷ イギリスによるインド制圧…19世紀半ばまでにインド全域を制圧
- **マイソール戦争**(1767〜99)
  マイソール王国を4度の戦争で破る
- **マラーター戦争**(1775〜1818)
  マラーター同盟を3度の戦争で破る
- **シク戦争**(1845〜49)
  シク王国を2度の戦争で破る

❸ 支配方式
貿易独占権を失った**東インド会社**は、インド統治機関に変質
➡ 一部地域を藩王国として旧支配者を残し、外交権を奪って間接統治

■植民地インドの領域

2 インド社会の変容

従来のインド	綿布を東南アジア・西欧に輸出
産業革命後	1810年代末を境にイギリス製綿布がインド製綿布を圧倒

➡ イギリスへの原料供給地・製品市場へ

■インドとイギリスの綿織物の輸出

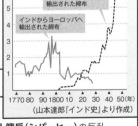

(山本達郎『インド史』より作成)

3 シパーヒーの反乱(1857〜59)

背景	イギリス支配に対するインドの人々の不満
発端	デリー北方でおきた東インド会社のインド人傭兵(シパーヒー)の反乱
展開	諸階層が加わり、北インド全域におよぶ大反乱に発展
結果	諸階層の足並みがそろわず、イギリスにより鎮圧される

➡ **ムガル帝国**は滅亡し、**イギリス東インド会社も解散**させられる
➡ イギリス政府による直接統治が始まる
➡ **ヴィクトリア女王**を皇帝とする**インド帝国**が成立(1877)

3 東南アジアの植民地化は、どの国が、どの地域において進めたのだろうか？

1 **オランダ** 19世紀にジャワ島を中心にインドネシア全域に植民地支配を拡大

> **強制栽培制度**の導入(1830)
>
> コーヒーやサトウキビ、藍などの**商品作物**栽培を強制し、莫大な利益を上げる

2 **イギリス** マレー半島・ビルマにおいて支配を拡大

> ●**マレー半島** ペナン・マラッカ・シンガポールを**海峡植民地**とする(1826)
>
> 　　　　　　　**マレー連合州**を結成させ、イギリスの保護国とする(1895)
>
> 　　　➡ 中国やインドからの移民労働力を用いて錫やゴムの生産を拡大
>
> ●**ビルマ** イギリスより3度にわたる攻撃を受け、コンバウン朝が滅亡
>
> 　　　➡ **インド帝国**に併合される

3 **スペイン** フィリピンを支配

> ➡ 自由貿易を求める欧米諸国の圧力を受け、**マニラ**を正式に開港(1834)
>
> ➡ サトウキビ・マニラ麻・タバコなどの輸出向け商品作物の栽培が拡大し、
> 　 プランテーションの大土地所有制が成立

4 **フランス** インドシナへの支配を拡大

> ●**ベトナム** 阮福暎がフランス人宣教師**ピニョー**の協力を得て阮朝を創始(1802)
>
> 　　　　➡ カトリックへの迫害を口実に仏が軍事介入、サイゴンを占領(1858)
>
> 　　　　➡ **劉永福**が組織した**黒旗軍**がフランスに抵抗(1874)
>
> 　　　　➡ フランスがさらに進出し北部・中部を支配下におく
>
> ・清仏戦争(1884〜85) 清がベトナムの宗主権を主張し、発生
>
> 　　　　➡ 清は、**天津条約**(1885)でベトナムがフランスの保
> 　　　　　 護国となることを承認
>
> ・フランス領インドシナ連邦の成立(1887) すでに保護国となっていたカンボジ
> 　　　　　　　　　　　　　　　　　　　 アとあわせて連邦を形成

5 **タイ** 東南アジアで唯一、植民地化を回避し独立を維持 ［1899 ラオスも編入される］

> ●**ラーマ4世** イギリスと**ボーリング条約**(1855)を締結
>
> 　　　　➡ 自由貿易が開始され、米の輸出が進展
>
> ●**チュラロンコン(ラーマ5世)** 英仏の**勢力均衡策**を巧みに利用し、独立を維持
>
> 　　　　　　➡ 行政・司法・学校制度などの近代化を推進

中国の開港と日本の開国

1 アヘン戦争は東アジアにどのような変化をもたらしたのだろうか？

◆ 1 アヘン戦争

- ●19世紀の清国　人口増による土地不足、財政の窮乏化
  制限貿易…ヨーロッパ船の寄港地を**広州**に限定
- ●イギリスの中国進出　イギリスが清に自由貿易を要求 ➡ 失敗
  イギリス：中国茶の輸入増大 ➡ 銀の一方的流出
- ●イギリスによる**三角貿易**の展開　■三角貿易関係図

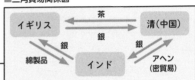

❶ アヘン戦争（1840〜42）

経過 清の林則徐が広州でイギリス商人からアヘンを没収

➡ **アヘン戦争**勃発

➡ イギリスの勝利

結果 南京条約（1842）

香港島の割譲、広州を含む5港の開港、**領事裁判権**の承認、協定関税制

❷ 第2次アヘン戦争（1856〜60、アロー戦争）

契機 **アロー号事件**（1856、清が英船アロー号の船員を不当逮捕）

➡ **第2次アヘン戦争**勃発

経過 英仏軍が広州・天津占領（1857）

➡ 英仏軍が北京占領

結果 天津条約（1858）・北京条約（1860）

アヘン貿易の合法化、天津の開港など

影響 日米修好通商条約締結の契機

❶ 太平天国の乱

契機 **洪秀全**がキリスト教系の宗教団体を組織
➡ **太平天国**の成立(1851、スローガン「**滅満興漢**」)

経過 **南京占領**(天京と改称)
➡ **郷勇**(地方義勇軍)の組織化　湘軍(曽国藩)・淮軍(李鴻章)

結果 天京の陥落(1864、**太平天国の滅亡**)

❷ 洋務運動

契機 同治の中興(太平天国の乱鎮圧による国内の安定)
➡ **洋務運動**の開始

内容 富国強兵、西洋文化の導入(「**中体西用**」の思想)
総理各国事務衙門(総理衙門)の設置
推進人物:曽国藩・李鴻章

結果 運動の不徹底 ➡ 国家や社会制度の変革おこらず

❸ 朝鮮への影響

経過 18世紀末、
キリスト教の広がり

➡ 大院君の政権:宣教師
や他信徒への弾圧、通
商の拒否

結果 鎖国政策の維持、
斥和碑の建設(1871)

■日本・中国の開港地

---

2 日本は開国により、どのように 世界に組み込まれていったのだろうか?

1 和親条約の締結

❶ 海外情勢の変化

経過 異国船打払令(1825) ➡ 緩和:**天保の薪水給与令**(1842)
➡ オランダ国王による開国勧告(1844)

❷ アメリカの動向

> **背景** ビッドルの浦賀来航(1846、幕府は通商要求を拒絶)
> ➡ カリフォルニアの獲得(1848)
> ➡ 太平洋航路の開拓　清国貿易船・捕鯨船の寄港地の需要が拡大
>
> **経過** ペリーの浦賀来航(1853、4隻の軍艦〈黒船〉)
> フィルモア米大統領の国書提出

■ペリー来航の足跡

❸ 日米和親条約(1854、神奈川条約)

> **内容** ●外国船への薪水給与　　　　●難破船の救助
> ●下田・箱館の開港と領事駐在　●一方的な最恵国待遇
>
> **影響** 琉球米国修好条約(琉米条約)の締結(1854)、
> 台場の建設、講武所・(長崎)海軍伝習所・蕃書調所の設置

❹ ロシアの動き

> **経過** プチャーチンの長崎来航(1853)
>
> **結果** 日露和親条約(1854、下田・箱館・長崎開港)
> ➡ 国境の確定(千島:択捉・得撫島間、樺太:境界なし)

❺ 幕府の対応　老中首座阿部正弘による対応

●挙国一致策(諸大名・幕臣への諮問)
　➡ 朝廷の権威の低下、大名の発言力増加
●安政の改革　徳川斉昭の参画、人材の登用、国防の充実(台場の建設、大船建造
　の解禁)

2 通商条約の締結

❶ 日米修好通商条約(1858)

背景 初代アメリカ**総領事**ハリスの下田着任(1856) ➡ 通商条約締結を要求

老中**堀田正睦**の交渉 孝明天皇に勅許(天皇の許可)を奏請したが、失敗

大老井伊直弼の交渉 日米修好通商条約の**無勅許調印**(1858)

内容 ❶ 箱館・下田以外の神奈川(横浜)、長崎、新潟、兵庫(神戸)の順次開港、下田の閉港

❷ 自由貿易 江戸・大坂の開市
居留地の設置

❸ 関税自主権なし 協定関税制

❹ 領事裁判権の承認
(**治外法権**の一つ)

結果 不平等条約の締結

➡ 万延元年遣米使節(1860、通商条約の批准)米・英・露・仏・蘭と通商条約締結
(**安政の五カ国条約**)

■日本の開港・開市の都市

影響 貿易の開始 ●主要貿易港 **横浜**
●主要貿易国 **イギリス**(南北戦争によるアメリカの撤退)

輸出品 **生糸** **輸入品** **毛織物・綿織物** ➡ 輸出超過から輸入超過へ

幕府の対応 **五品江戸廻送令**(1860) ➡ 在郷商人や外国の商人からの反発

日本の金貨の大量流出(**原因** 金銀比価の違い)
➡ **貨幣改鋳**(万延小判) ➡ 物価高騰・攘夷運動の激化

❷ 政局の転換

背景 13代将軍家定の死去

経過 徳川慶福 vs 徳川(一橋)慶喜の将軍継嗣問題

結果 井伊直弼が推す徳川慶福が**14代家茂**に就任(1858)

影響 一橋派や尊王攘夷派志士の反発

➡ 安政の大獄(1858、井伊による反対派への弾圧)

➡ **桜田門外の変**(1860)=**井伊直弼**暗殺

❸ **公武合体**への模索 **和宮**(孝明天皇の妹)と家茂の結婚

影響 攘夷事件の頻発 薩摩:**生麦事件** 長州:外国船砲撃事件

➡ 攘夷からの転換 薩摩:**薩英戦争**
長州:**禁門の変**(長州藩の追放)、**四国艦隊下関砲撃事件**

明治維新と諸改革

1 幕府はなぜ滅び、新政府はどのようにしてできたのだろうか？

1 幕府の滅亡

❶ 1866.1 薩長連合(同盟)成立　土佐藩の**坂本龍馬**の仲介

❷ 1866.8 第2次長州征討の失敗　14代将軍徳川家茂の死

❸ 1866.12 15代将軍に徳川慶喜が就任

大政奉還の上表提出　内容 前土佐藩主**山内豊信**(容堂)が建議、慶喜は幕府と大名による公議政体の政治体制をめざす

同日、薩長は公家の岩倉具視と結び、**討幕の密勅**を手に入れる

❹ 1867.12 王政復古の大号令　倒幕派によるクーデタ

➡ 幕府や摂政・関白の廃止、**三職**(総裁・議定・参与)の設置

雄藩連合による政治形態が確立

❺ 小御所会議　慶喜の**辞官納地**(内大臣の辞任と一部領地の返上)を決定

➡ 江戸幕府の滅亡 ➡ 幕府側の反発 ➡ 戊辰戦争へ

2 戊辰戦争(1868.1～1869.5)

❶ 鳥羽・伏見の戦い(京都)　戊辰戦争の発端、幕府軍は敗れて徳川慶喜は江戸へ

❷ 偽官軍事件(諏訪)　倒幕軍は年貢半減を掲げた赤報隊の相楽総三を偽官軍として処罰

❸ 江戸無血開城(江戸)　西郷隆盛と勝海舟の会見、徳川慶喜の謹慎

❹ 上野戦争(江戸)　彰義隊による抵抗と鎮圧

❺ 会津戦争　奥羽越列藩同盟の結成と崩壊、会津若松城落城、白虎隊の自刃

❻ 箱館戦争(五稜郭の戦い)　榎本武揚・土方歳三らによる幕府軍の最後の抵抗

➡ **戊辰戦争**の終結

3 新政府の発足(1868、明治維新)

❶ 明治天皇の即位 ➡ 明治と改元：**一世一元の制**(天皇一代で元号は1つとする)

❷ 五箇条の誓文　木戸孝允らによって起草された新政府の基本方針、天皇が神に誓う形で公布　重点 公議世論の尊重、開国和親

❸ 五榜の掲示　人民の心得を示した五種の高札で、儒教的道徳を説くキリスト教邪宗門の規定 ➡ **切支丹禁制高札廃止**(1873)

❹ 政体書　明治政府の基本的組織を規定した法。**太政官**を中心とする政治体制・三権分立(廃藩置県後に三院制となる)・官吏互選を規定

❺ 東京遷都　江戸を東京と改称(1868) ➡ 天皇の**東京行幸**(1869)

■戊辰戦争関係図

新政府軍の進路
旧幕臣（一部）の動き
徳川慶喜の退路

1869.5
❻箱館戦争
（五稜郭の戦い、榎本武揚らの抵抗）

1868.8〜9
❺会津戦争
（奥羽越列藩同盟の拠点である会津若松城落城、白虎隊の自刃）

1868.1〜3
❷偽官軍事件
（赤報隊の相楽総三の捕縛）

1868.1
❶鳥羽・伏見の戦い
（戊辰戦争の発端）

1868.5
❹上野戦争
（彰義隊の抵抗）

1868.3〜4
❸江戸城無血開城の会談
（西郷隆盛と勝海舟）

長州藩

肥前藩
（佐賀藩）

土佐藩

薩摩藩

箱館　青森　秋田　宮古　仙台　長岡　会津若松　高田　白河　宇都宮　諏訪　江戸　甲府　京都　大坂

4 藩閥政府の形成

❶ 1869 版籍奉還　諸藩主が土地（版図）と人民（戸籍）を返上した改革
　　　➡ 旧藩領に**知藩事**をおく

　御親兵（新政府の直属軍）の結成　薩摩・長州・土佐藩の藩兵約1万人で組織

　1871 廃藩置県　➡ 全国を新政府の直轄地とする改革 ➡ 府・県の設置

❷ 中央政府の組織　**三院制（正院・左院・右院）**
　　　➡ 藩閥政府の形成（公卿の三条実美・岩倉具視、参議は**薩長土肥**
　　　〈薩摩藩・長州藩・土佐藩・肥前藩〉の4藩が中心）

2 社会の制度はどのように変化したのだろうか？

1 近代的軍事制度の確立

❶ 軍隊の整備　**近衛兵**(天皇の直属軍)、**兵部省**の設置 ➡ **鎮台**(常備陸軍)の設置

❷ 徴兵制度の整備

> **目 的** 士族や平民といった身分を問わない近代的な軍隊の創設
> **経 過** **徴兵告諭**(1872)　全国徴兵の詔にもとづいて出された太政官布告
> 　　　　➡ 「血税」の文字への不満 ➡ のちに**血税一揆**(騒動)へと発展
> 　　　　**徴兵令**(1873)　満20歳以上の男性を兵役につかせる法令、国民皆兵の原則
> **中 心** 大村益次郎(近代軍制の創始者)・**山県有朋**
> **影 響** 兵役免除規定の制定
> 　　　　➡ **徴兵逃れ**の横行、**血税一揆**(徴兵令反対一揆)の頻発

2 「四民平等」

❶ 1869　3族籍への再編　華族(公卿・大名)、士族(旧幕臣・旧藩士)、
　　　　　　　　　　　　　　平民(農工商に属する庶民)への再編(=「四民平等」)

- ●平民への苗字の許可(1870)
- ●戸籍法の制定(1871)　**壬申戸籍**(全国民を対象とした戸籍)の作成
- ●いわゆる「解放令」(1871)　社会的差別の残存

❷ 秩禄処分

> **内 容** **秩禄**(家禄〈俸禄にかわる禄米〉+賞典禄〈功労者対象〉)の廃止
> **目 的** 新政府の財政における大きな負担(国の総支出の3割)で
> 　　　　あった秩禄の解消
> **展 開** **秩禄奉還の法**(1873)
> 　　　　➡ **金禄公債証書**の発行(1876、秩禄の代償)

❸ 士族の没落
- ●士族特権のはく奪　**廃刀令**(1876)
- ●**士族の商法**の失敗 ➡ **士族授産**で対応したが、成功例は少なかった

3 貨幣制度の確立

❶ 1871　新貨条例　新硬貨の発行、円・銭・厘の十進法を採用(1円 =100銭、1銭 =10厘)

❷ 政府紙幣(太政官札・民部省札など)の発行

　不換紙幣(正貨〈金・銀〉との兌換〈引換え〉保証がない紙幣)として発行

❸ 1872　国立銀行条例　国立銀行の設立、渋沢栄一が尽力

　　➡ **第一国立銀行**の設置(1873)
　　➡ 発行銀行券への正貨兌換の義務づけ　国立銀行設立は4行のみ

❹ 1876　国立銀行条例改正(兌換義務停止)　国立銀行の数は4行から153行に

4 地租改正

地租改正(1873〜81)　土地・課税制度の変革、安定した税収入がねらい
- **背景** 田畑勝手作りの許可(1871)、田畑永代売買の解禁(1872)
- **内容 地券**(土地所有権の確認証)の発行(1872)　土地所有者の確定
  - **地租改正条例**(1873) ●**地価**(土地の価格)の設定
    - ●土地所有者が**地租**(地価の3%)を金納
- **影響 地租改正反対一揆**(1876)
  - 真壁騒動(茨城)、伊勢暴動(三重)など ➡ 地租の軽減(3% ⇒ 2.5%)

5 近代的教育制度

❶ 1871 **文部省**の設置

❷ 1872 学制公布　序文:「**被仰出書**」(学事奨励に関する太政官布告)

- **内容** 小学校教育の普及、功利主義の教育観、男女の機会均等、国民皆学
- **発展** 専門教育の充実：東京大学の設置

❸ **天賦人権思想**(人間は生まれながらにして自由平等であるとする思想)の普及

- ●**明六社**(1873)　**森有礼**を中心とする啓蒙的思想団体。『明六雑誌』の創刊
- 【啓蒙思想家】
- ●**福沢諭吉**　『**学問のすゝめ**』『西洋事情』、慶應義塾の創立
- ●**中村正直**　西洋の啓蒙書の翻訳：『西国立志編』(スマイルズ)、『自由之理』(ミル)

❹ 1868 神仏分離令

- **内容 神道国教化**の方針、神社の寺院からの独立 ➡ 神仏習合の禁止
- **経過 大教宣布の詔**(1870)　神道国教化の推進を表明した詔
- **影響 廃仏毀釈**(仏教を排斥する行動)の風潮、**神祇官の再興**

6 文明開化　**明治初期の古い慣習を打破し、西洋文化を取り入れる風潮**

- ❶ **太陽暦**の採用　1日24時間制、日曜休日、祝祭日の制定(紀元節・天長節)
- ❷ 西洋文化の流入　洋服の着用、牛鍋の流行
  - **散髪令 ➡ ザンギリ頭**の流行「ザンギリ頭をたたいてみれば文明開化の音がする」
- ❸ **銀座通り**　煉瓦造の建物・ガス灯
- ❹ 人力車の発明・鉄道馬車の運行
- ❺ **日刊新聞**　「横浜毎日新聞」(1870創刊)、**本木昌造**の鉛製活字の使用
- ❻ 通信　郵便制度の発足(**前島密**の建議)、電信線の架設

明治初期の対外関係

1 日本は海外の技術や文化をどのように取り入れていったのだろうか？

1 殖産興業　政府による官営事業中心の近代産業育成政策

❶ **お雇い外国人**の登用
❷ **工部省**の設置(1870)　　お雇い外国人による殖産興業関連事業の管理
❸ **鉄道**の開通(1872)　　新橋・横浜間に鉄道開通、イギリス人モレルの指導
❹ **富岡製糸場**の開設(1872)　群馬県富岡に開設した製糸の官営模範工場
　内容 フランス人ブリューナの指導、製糸女工の活用(横田英『富岡日誌』)
　背景 粗製な生糸の製造乱発 ➡ 外国人商人からの苦情

2 岩倉使節団(1871〜73)

内容 条約改正の予備交渉のため、欧米に派遣された使節団
　　　特命全権大使：**岩倉具視**　副使：大久保利通・木戸孝允・伊藤博文
　　　女子留学生の派遣　津田梅子・大山捨松
　　　久米邦武『特命全権大使米欧回覧実記』

　　　結果 改正交渉失敗
　　　　　➡ 欧米の制度・文物の視察の実施、ウィーン万国博覧会視察
　　　影響 日本の近代化・内地整備の必要を痛感

2 日本は北方の国境をどのように定めたのだろうか？

1 ロシアとの関係

❶ **日露和親条約**(1854)　プチャーチンとの交渉

内容 国境の画定
　千島：択捉島と得撫島のあいだ
　樺太：両国雑居の地
　下田・箱館・長崎の開港

❷ **樺太・千島交換条約**(1875)
　日露国境画定条約

内容 樺太全島をロシア領、千島全島を日本領と規定

■北方領土

カムチャツカ
1875年の国境
千島列島
樺太
ロシア
択捉島
1854年の国境
国後島
色丹島
歯舞群島
日本海
日本
太平洋

② 北方開発

■北海道関係年表

1869 (明治2)	7	開拓使設置(東京)
	8	蝦夷地を**北海道**と改称
1871	5	開拓使庁を札幌に移管
1874	10	屯田兵制度を制定
1876 (明治9)	8	札幌農学校を開校
1881	8	開拓使官有物払下げ事件
1882	2	札幌・函館・根室の3県を設置(開拓使廃止)
1886	1	**北海道庁**を設置(3県を廃止)
1899	3	北海道旧土人保護法を制定
1997 (平成9)	5	**アイヌ文化振興法**が成立(北海道旧土人保護法は廃止)
2008 (平成20)	9	**アイヌ民族を先住民族とする**ことを求める決議案が可決
2019 (令和元)	9	**アイヌ施策推進法**を制定(アイヌ文化振興法をさらに発展)

❶ 日本による蝦夷地の開発
  蝦夷地の直轄化(1854)
  ➡ 開拓使設置(1869)
  ➡ 蝦夷地を北海道と改称(1869)
  ➡ 屯田兵制度(1874、北海道開拓と
    ロシア警備をおこなう農兵)
  ➡ 北海道庁設置(1886)
  ➡ 北海道旧土人保護法
    (1899、アイヌへの対応)

❷ 日露間の**樺太帰属問題**
  両国雑居の地(1854)
  ➡ 露、清から樺太の宗主権を取得(1858)
  ➡ 露、樺太への軍隊派遣(幕末〜明治初年)
  ➡ 日、樺太開拓使の設置(1870)
  ➡ 樺太・千島交換条約でロシア領に画定(1875)

3 日本の東アジア諸国との関係は、どのように変化したのだろうか？

① 清との関係

清

❶ 日清修好条規(1871) 日清間で結ばれた最初の対等条約
  ● 両国とも開港して、領事裁判権を**相互承認**
  ● 清は、清へ朝貢する朝鮮・琉球を清に「属したる邦土」と主張

❷ 琉球漂流民殺害事件(1871)
  内容 琉球王国宮古島の漂流民が台湾で先住民に殺された事件
  結果 清は殺害した先住民を「化外の民」として責任をとらず

❸ 台湾出兵(1874) 琉球漂流民殺害事件を理由とする台湾への派兵
  経過 日本軍による先住民制圧 ➡ 清の反発 ➡ 大久保利通と李鴻章の交渉
  結果 **日清互換条款** 清は日本の出兵を正当化、日本は琉球の支配権が認められたと認識

② 琉球処分

> **琉球王国**
>
> ❶ **日清の両属**関係　　　　　薩摩藩による支配、清を宗主国とする
> ❷ **琉球藩**の設置(1872)　　　琉球国王**尚泰**を琉球藩王とする
> ❸ 清への朝貢停止(1875)　　琉球藩は内務省が管轄
> ❹ 琉球処分の完成(1879)　　**沖縄県**の設置

③ 征韓論の変遷

> **朝鮮**
>
> ❶ 清を宗主国として、朝貢をおこなう ➡ 鎖国政策
> ❷ 征韓論の提唱(1873)　大院君の鎖国政策を武力で打破し、国交を開く主張
>
> > **中心** 留守政府(岩倉使節団の際の留守を任された政府)の**西郷隆盛・板垣退助**
> > **背景** 薩摩・長州・土佐藩が**御親兵**を組織 ➡ 朝鮮の交渉態度への不満
> >
> > > **結果** **岩倉使節団**から帰国した岩倉具視や大久保利通の反対
> > > ➡ **明治六年の政変**(1873、征韓論政変)
> > > 西郷隆盛・板垣退助・江藤新平らが下野

④ 日朝関係

> ❶ 江華島事件(1875)　日本の軍艦雲揚号が朝鮮の首都漢城近くの江華島で朝鮮側
> 　　　　　　　　　　　を挑発して、戦闘に発展し、日本側が仁川港対岸の永宗城
> 　　　　　　　　　　　を占領した事件
> ❷ 日朝修好条規(江華条約)の締結(1876)
>
> > **背景** 鎖国政策をとっていた大院君(朝鮮国王高宗の父)の引退
> > **内容** 朝鮮を「自主の国」として、清との宗属関係を否定
> > 　　　　日本の領事裁判権を認める不平等条約、釜山・仁川・元山の開港(朝鮮開国)

⑤ 領土の画定

> ❶ **小笠原諸島**の領有
> 　●欧米系住民の定住開始(19世紀前半)
> 　●アメリカの**ペリー**艦隊の来航(1853)
> 　●江戸幕府、外国奉行を派遣して領有を確認し、役所を設置(1861)
> 　●明治政府、官吏を派遣して統治を開始、日本の領有を各国に宣言(1876)
> ❷ **尖閣諸島**　先島諸島の北側にある無人の小島群
> 　●日清戦争中、日本領土に編入(1895)
> ❸ **竹島**　島根県隠岐諸島の北西にある小島群
> 　●日露戦争中、日本領土に編入(1905)

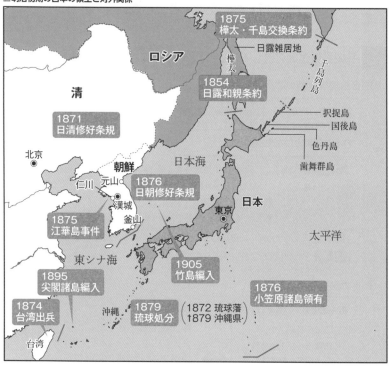

6 日本人の海外渡航

❶ 幕府、オランダへの留学生を派遣(1862)

❷ 幕府、**海外渡航を解禁**(1866)　留学生が中心

❸ 明治政府、海外移住や労働者の海外渡航の制限(明治初期)

❹ **ハワイ**への労働者としての**移民**開始(1885)

　　背景 中国からの移民停止

　　内容 明治初期から約20万人が**移民**として渡航

❺ アメリカによる**ハワイ併合**(1898) ➡ ハワイがアメリカの准州となる(1900)

❻ **日本人移民排斥運動**(1906)　アメリカのカリフォルニアが中心

　　具体例 日本人学童排斥事件

　　影響 日本人のアメリカへの渡航制限

❼ **日露戦争後、ブラジル移民**の増加

自由民権運動と立憲体制

1 自由民権運動を通して、国会はどのように設立されたのだろうか?

1 自由民権運動の高揚

❶ 愛国公党の結成　　板垣退助・**江藤新平**・後藤象二郎・副島種臣中心

❷ 民撰議院設立の建白書の提出(1874)

> **背景**
> ●「公議」による政治への制限 ➡ 公議所の設置(1869)➡ 役割果たさず
> ●西洋の政治制度・思想の紹介
> 　福沢諭吉『西洋事情』、**中村正直**訳『自由之理』(ミル『自由論』を翻訳)、**中江兆民**『民約訳解』(ルソー『社会契約論』を翻訳)
>
> **内容** 国会開設の要求、**有司専制**に反対し「公議」への納税者参加の実現
>
> **影響** 『日新真事誌』に掲載 ➡ 自由民権運動の起点

2 自由民権運動の展開

自由民権運動の動き

❶ 立志社の結成(1874)
　片岡健吉らが土佐で設立した士族中心の政社

❷ 愛国社の結成(1875)
　板垣退助らが大阪で設立した結社の連合組織

↔

政府の対応

❶ 大阪会議(1875)
　木戸孝允・板垣退助の政府復帰

❷ 漸次立憲政体樹立の詔(1875)
　元老院(立法機関)・**大審院**(司法機関)・**地方官会議**(府知事・県令の招集)の設置

❸ 讒謗律・新聞紙条例(1875)
　民権運動高揚に対処するための言論弾圧法令

3 新政府への抵抗

❶ 士族の反乱

> **具体例** **赤坂喰違の変**(東京、**岩倉具視**の暗殺未遂)、**佐賀の乱**(江藤新平)、**敬神党(神風連)の乱**(熊本)、**秋月の乱**(福岡)、**萩の乱**(山口)、**西南戦争**(**西郷隆盛**、鹿児島が拠点)、**紀尾井坂の変**(東京紀尾井坂でおこった**大久保利通**の暗殺)

❷ 地方制度の整備

●**地方三新法**の制定(1878)
　郡区町村編制法・府県会規則・地方税規則

■士族の反乱

- ▧ 士族反乱
- ●数字 発生の順番

赤坂喰違の変 1874.1

佐賀の乱 1874.2

萩の乱 1876.10

紀尾井坂の変 1878.5

秋月の乱 1876.10

西南戦争 1877.2〜9

敬神党(神風連)の乱 1876.10

4 国会開設要求の実現

❶ 愛国社の再興(1878、大阪) ➡ **国会期成同盟の結成**(1880)
国会開設運動の全国的団体、愛国社が改称

❷ 集会条例の制定(1880)　集会・結社の自由を規制

➡ **国会期成同盟**は憲法草案(私擬憲法)の作成を決め、散会

❸ 政党の結成　**自由党**(1881、板垣退助)、**立憲改進党**(1882、大隈重信)

❹ 国会開設の公約

● **開拓使官有物払下げ事件**(1881)　**開拓使**長官**黒田清隆**が実業家の**五代友厚**に不当に安い価格で払い下げようとして問題化した事件

● **明治十四年の政変**(1881)　岩倉具視や**伊藤博文**が議院内閣制の早期導入を主張する**大隈重信**を罷免

● **国会開設の勅諭**(1881)　1890年に国会を開設することを公約

■騒擾事件とおもな政社

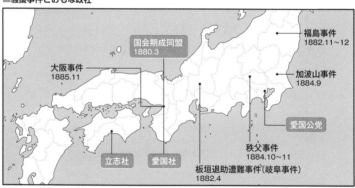

2 立憲体制はどのような苦難を乗り越えて成立したのだろうか?

1 松方デフレと民権運動の激化

❶ 大隈財政(1873〜80)　　大隈重信大蔵卿による財政政策

理由　西南戦争の戦費調達や国立銀行の設置増加にともなう**不換紙幣の乱発**

結果　**インフレーション**の勃発(物価上昇、紙幣価値の低下)

❷ 松方財政(1881〜92)　　松方正義大蔵卿による財政政策

内容　不換紙幣の回収、増税政策、日本銀行の設立

結果　**松方デフレ**の現出(物価下落、紙幣価値の上昇)

自由民権運動と立憲体制 ♠ **31**

> ❶ **岐阜事件**(1882)　板垣退助が暴漢に襲われて負傷した事件
> ❷ **福島事件**(1882)　県令**三島通庸**に土木工事への労役を課された農民が抵抗した
> 　　　　　　　　　　事件。三島は、**河野広中**らの福島自由党員が関与したとし
> 　　　　　　　　　　て、検挙した
> ❸ **加波山事件**(1884)　栃木県令三島通庸の圧政に、茨城県加波山で蜂起した事件
> ❹ **秩父事件**(1884)　松方デフレ政策に反対する埼玉県秩父地方の農民が**困民党**を
> 　　　　　　　　　　結成しておこした蜂起事件

3 立憲体制成立により、日本はどのように変化していったのだろうか?

1 立憲体制の成立

❶ **憲法調査**の開始　伊藤博文の欧州への派遣

➡ シュタイン・グナイストからドイツ流の憲法理論の習得

➡ 帰国(1883)

❷ **憲法起草**作業の開始　**ロエスレル**の助言、井上毅らが作成に当たる

❸ **国会開設**の準備

華族令(1884)　華族制度の確立、将来の貴族院の土台づくりが目的
旧来の華族に維新功労者を加え、爵位(五爵:公侯伯子男)を与えた

❹ **内閣制度**の制定(1885)　**初代内閣総理大臣:伊藤博文**、太政官制の廃止

❺ 枢密院の設置(1888)　明治憲法を審議するための天皇の諮問機関

❻ 大日本帝国憲法(明治憲法)の発布(1889.2.11)

2 条約改正

❶ **井上馨外務卿(のち外相)の条約改正交渉**

経過 条約改正交渉の予備会議開催(1882)
　　　欧化政策の推進　鹿鳴館(国際社交場)の建設

結果 改正案の大審院への外国人判事採用案と欧化政策への反発 ➡ **井上外相辞職**

❷ 民権派の動き

●民権派の再結集　**大同団結運動**(1886~89)…統合した民権派の反政府運動
●**三大事件建白運動**(1887)　大同団結運動と呼応した反政府運動
　言論・集会の自由、地租の軽減、対等条約の締結(**条約改正**の実現)
●政府の弾圧　**保安条例**(1887)…民権派の東京からの追放

③ 大日本帝国憲法（明治憲法）

❶ 欽定憲法　天皇によって制定される憲法

❷ 天皇大権　統治権の総攬者としての天皇が議会の了承無しに行使できる権利
- ●**緊急勅令**　議会の審議を経ないで制定される天皇による勅令
- ●**戒厳令**　非常事態に際し、軍隊に治安権限を与えること
- ●**統帥権**　陸・海軍の軍隊の指揮統率権
- ●その他　法律の裁可、衆議院の解散、文武官の任免、宣戦・講和や条約の締結

❸ 国務大臣　天皇を輔弼して行政を担当、議会の承認なしに任命

❹ 臣民　主権在君制のため、国民は臣民と呼ばれる

❺ 帝国議会　最高の立法機関、二院制、法律の制定と予算の成立に対する協賛機関
- ●**貴族院**　皇族議員・華族議員・勅選議員・勅任議員（多額納税者）で構成
- ●**衆議院**　直接国税15円以上をおさめる満25歳以上の男性に選挙権
  （全人口の1.1％）

❻ 諸法典の整備　ボアソナード（仏）の助言
- ●**刑法**（大逆罪・不敬罪を規定）・**治罪法**（のちの刑事訴訟法）の公布（1880）
- ●**民法・商法**・民事訴訟法・刑事訴訟法の公布（1890）
  ➡ **民法典論争**により民法は施行延期 ➡ その後、**戸主権**の強い民法に修正公布

❼ 教育に関する勅語（1890、**教育勅語**）　教育の指導原理を示す、**忠君愛国**や儒教的　道徳が基本
- ●天皇自身の言葉として、国務大臣の副署なしで公布　独自の公布形態

④ 初期議会

❶ 第1回衆議院議員総選挙（1890）　民党が議席の過半数をとる

❷ 第1議会（1890〜91）
- ●民党は「**政費節減・民力休養**」を主張
- ●**第1次山県有朋内閣**　**超然主義**（政党によって行政が左右されない姿勢）をとる
  結果　民党の一部を切り崩して予算成立

❸ 第2議会（1891）　**第1次松方正義内閣** ➡ 民党と衝突して解散

❹ 第2回衆議院議員総選挙（1892）　品川弥二郎内相らによる**選挙干渉**
  結果　**民党**の優勢のまま
  ➡ 第3議会後に松方内閣は退陣

❺ 第2次伊藤博文内閣　民党第一党の**自由党**と連携 ➡ 軍事予算拡大を了承

条約改正と日清戦争

1 政府はどのようにして条約改正を進めていったのだろうか?

1 朝鮮問題

> 日朝修好条規(1876) 「朝鮮国ハ自主ノ邦」と規定
> ➡米朝修好通商条約(1882) 朝鮮は清の属国であることを表明、清の李鴻章の仲介

❶ 壬午軍乱(1882、壬午事変)

背景 閔妃(朝鮮国王高宗の王妃)は、大院君(高宗の父)を引退させ、親日派の閔氏一族による政権運営、開化派(独立党)の金玉均らは清からの独立をはかる

経過 朝鮮の都である漢城でおこった大院君によるクーデタ ➡ 日本公使館を襲撃

> **結果** 清が派兵してクーデタを鎮圧 ➡ 閔氏政権は親清派に転換
> 清:朝鮮と貿易の協定締結(清の朝鮮に対する宗主権を明確化)
> 日:済物浦条約(賠償金と公使館守備兵の駐留権などを取得)

❷ 甲申事変(1884、甲申政変)

背景 清仏戦争(1884)による朝鮮に駐留する清軍の減少

経過 金玉均が日本公使館守備兵の支援のもとに、漢城でおこしたクーデタ

> **結果** 袁世凱率いる清軍の攻撃
> ➡ クーデタは失敗し、金玉均は日本へ亡命

●天津条約の締結(1885)

全権 日:伊藤博文 清:李鴻章

背景 甲申事変の処理策、悪化した日清関係の打開

内容 日清両国軍の朝鮮からの撤退、将来の出兵時には相互通告を取り決め

影響 琉球の清への朝貢停止(1875)
清仏戦争によるベトナム阮朝の朝貢停止 ➡ 清が朝鮮を重要視

2 日本国内の動き

❶ 福沢諭吉「脱亜論」(1885、『時事新報』に掲載)
内容 清・朝鮮の開明を待たず、アジアを脱し欧米列強側に立つ(脱亜入欧)を主張

❷ 徴兵制度の改正(1889) 国民皆兵が義務化

❸ 第1次山県有朋内閣 第1議会(1890～91)での施政方針演説
内容 軍の増強を主張、主権線(国境)だけでなく利益線(朝鮮半島)の確保を強調

③ 条約改正の完成

❶ 巨文島事件（1885〜87）

背景 イギリスとロシアの対立　アフガニスタン国境問題とアジアの利権争い

内容 イギリスがロシアによる朝鮮海峡利用を遮断するため、巨文島を占拠

影響 日本も対馬に警備隊を設置

❷ ロシアによる**シベリア鉄道敷設計画**
➡ イギリスはロシアに対抗するため、日本に接近
➡ **条約改正交渉の進展**

❸ 青木周蔵外相によるイギリスとの改正交渉

内容 **領事裁判権の撤廃（治外法権の回復）**で同意

経過 **大津事件の勃発**（1891）
　●滋賀県大津にて、シベリア鉄道起工式に向かうロシア皇太子（のちのニコライ2世）を警備の巡査が傷つけた事件

結果 青木外相の引責辞任 ➡ 改正交渉の中止

❹ 陸奥宗光外相による条約改正交渉

背景 **内地雑居**（外国人への国内開放）への反対
➡ 自由党が支持に転換

経過 **青木周蔵**による改正交渉
➡ **日英通商航海条約の締結**（1894、1899発効）

内容 領事裁判権の撤廃、相互対等の**最恵国待遇**、内地雑居

❺ 小村寿太郎外相による条約改正交渉
➡ **日米通商航海条約の締結**（1911）
　　内容 **関税自主権の完全回復** ➡ **不平等条約の解消**

■条約改正関係年表

年代	担当者	経過・結果
1872 (明治5)	岩倉具視	米欧巡回・予備交渉は受け入れられず
1878 (明治11)	寺島宗則	米は賛成。英・独などの反対により失敗
1882 〜87 (明治15 〜20)	井上 馨	欧化政策 （法典編纂・鹿鳴館） 改正交渉で欧米の同意を得たが、国内の反対で失敗
1888 〜89 (明治21 〜22)	大隈重信	国別交渉、米・独・露と新条約を調印したが、外国人裁判官の大審院任用問題で挫折
1891 (明治24)	青木周蔵	英は同意。大津事件で引責辞任、挫折
1894 (明治27)	陸奥宗光	日英通商航海条約などを列国と調印
1899 (明治32)	青木周蔵	改正条約を実施 （有効期限12年）
1911 (明治44)	小村寿太郎	条約満期にともない新条約を調印

2　日清戦争を通して、日本はどのようにかわっていったのだろうか？

① 朝鮮支配に対する日清の対立

❶ 防穀令（1899）　朝鮮による大豆・米の対日輸出を禁止した法令
➡ 清のあっせんにより、日本への賠償金で解決（1893）

❷ 甲午農民戦争（東学の乱）（1894）

内容 朝鮮南部でおきた、民衆宗教**東学**の信徒と農民による蜂起事件

結果 朝鮮政府は清に派兵要求 ➡ 清は**天津条約**により、日本に通告して派兵
➡ 日本も派兵 ➡ 東学と農民軍は朝鮮政府と和解

影響 日本：内政改革を要求して駐兵継続

2 日清戦争

❶ 日清戦争（1894〜95）

背景 日英通商航海条約の締結（1894）

発端 日本軍による朝鮮王宮の占領
閔氏政権の解体と**大院君**政権の擁立
＊開戦にともない、議会は戦争関係の予算をすべて承認

経過 **豊島沖海戦**の勝利
➡ 朝鮮半島から清軍を排除
➡ 遼東半島の占領
➡ **黄海海戦**の勝利
（北洋艦隊撃破）
➡ 威海衛（山東半島）の占領

■日清戦争関係図

➡ 日本軍進路
数字は占領年月日

ロシア
清
朝鮮
日本海
黄海
日本

大連 1894.11.7
遼東半島
旅順 1894.11.21
山東半島
威海衛 1895.2.12
平壌 1894.9.16
元山
黄海海戦 1894.9.17
江華島
漢城
仁川
成歓
釜山
対馬
豊島沖海戦 1894.7.25
済州島
宇品
下関

結果 日本軍の勝利 ➡ 下関条約（日清講和条約）締結（1895）

❷ 下関条約（1895）

全権 日：伊藤博文・陸奥宗光　清：李鴻章

内容 ●清は朝鮮の独立を認可
●遼東半島・**台湾・澎湖諸島**の割譲
●**賠償金2億両**（約3億1000万円）
●重慶・沙市・蘇州・杭州の開港

■日清戦争の賠償金の使途

賠償金特別会計
3億6450万円

軍備拡張費 62.0%
臨時軍事費 21.7
皇室費用 5.5
台湾経費 3.3
教育基金 2.7
災害準備金 2.7
その他 2.1

（明治財政史編纂会編『明治財政史』より作成）

❸ 三国干渉（1895）

背景 ロシアの東アジア進出

経過 ロシアがフランス・ドイツを誘って**遼東半島**の清への返還を勧告
➡ 日本は3国の圧力に屈し、受託 ➡ 返還還付金（3000万両、約4600万円）

影響 日本のロシアに対する敵意の増大
➡ 標語**「臥薪嘗胆」** 軍備の拡張が国民的支持となる

❹ 台湾の統治(1895)

- 台湾総督に**樺山資紀**を任命
  ➡ 島民の抵抗を武力で鎮圧
- 台湾総督府の設置(1895)
  台湾統治の官庁として、台北に設置
- 植民地経営の開始

■下関条約関係図

■■ 新領土
■■ 還付地
● 新開港場

北京　大連　旅順○●●遼東半島　漢城　日本海
黄河　清　山東半島　朝鮮
重慶　沙市　長江　蘇州　下関
杭州○●
台湾　太平洋
澎湖諸島

③ 日清戦争後の議会

❶ 第2次伊藤博文内閣(1892〜96)　**自由党**と連携し、軍備拡張・産業育成を推進
➡ 地租の増徴や増税を財源としたため、政党と対立

❷ 第2次松方正義内閣(1896〜98)　地租増徴案・軍備増強案で対立 ➡ 総辞職

❸ 第3次伊藤博文内閣(1898)　地租増徴案を自由党・進歩党が否決 ➡ 退陣

- **閔妃殺害事件**(1895、三浦梧楼が主導)
  ➡ 高宗はロシア大使館で親露派政権を樹立
- **大韓帝国の成立**(1897)　**高宗**は皇帝として即位

❹ 憲政党の結成(1898)

内容 **自由党**(板垣退助)と**進歩党**(大隈重信、立憲改進党が改称)が合同して結成

結果 **第1次大隈重信内閣の誕生**(1898)

- 日本最初の**政党内閣**(陸・海軍大臣以外は憲政党員)
- 外相を兼務した大隈と内相の板垣が中心 ➡「**隈板内閣**」と呼ばれる
- 内部分裂して大隈内閣は4カ月で退陣 ➡ **憲政党**と**憲政本党**に分裂

❺ 第2次山県有朋内閣(1898〜1900)

内容 ● **地租増徴案の成立**(憲政党の支持)
- 政党の影響力の抑制策を推進
  文官任用令の改正(1899)　**軍部大臣現役武官制**(1900)

❻ 立憲政友会の結成(1900)　総裁：**伊藤博文**

構成 解党した憲政党と伊藤派の官僚が中心

結果 **第4次伊藤博文内閣**の成立(1900〜01) ➡ 貴族院の反対で退陣

❼ 第1次桂太郎内閣(1901〜06)

➡ 山県の後継者の桂と、伊藤のあとの立憲政友会総裁である西園寺公望が
政界を二分(**桂園時代**)

➡ 山県有朋や伊藤博文は**元老**に就任

❽ 元老の登場　非公式な天皇の最高顧問、首相の推薦や重要施策に関与

日本の産業革命と教育の普及

1 殖産興業において、政府はどのような役割を果たしたのだろうか？

1 殖産興業の推進と貨幣制度の確立

❶ **殖産興業の推進**　官営事業の拡大、生糸や蚕種（蚕卵紙）の品質の向上

➡ **内国勧業博覧会**（国内の博覧会）の開催（第1回：1877年、東京上野）

❷ **松方財政**　松方正義が大蔵卿に就任（1881）、紙幣整理や**官営事業の払下げ**

● **日本銀行の設立**（1882）　日本の中央銀行

● **銀本位制**　　　　　　　　銀兌換の日本銀行券の発行（1885）、国立銀行券の回収

● **企業勃興**（1886〜89）　　鉄道・紡績を中心とした会社設立ブーム

● **金本位制の確立**（1897）　金貨を正貨（本位貨幣）とする制度

　　 背景 　日清戦争の賠償金の活用　　 内容 　**貨幣法**の制定

2 運輸業の動き

> **鉄道**
>
> ❶ **日本鉄道会社**の設立（1881）　日本最初の私鉄会社（高崎線や東北線の建設）
> ❷ **民営鉄道の建設ブーム**　　　　九州鉄道（1891）、山陽鉄道（1901）
> ❸ **官営の東海道線が全通**（1889）
> ❹ **民営鉄道が官営鉄道の営業キロ数を上まわる**（1889）
> ❺ **鉄道国有法の公布**（1906）　民営鉄道の国有化 ➡ 鉄道の9割が国有化
> 　　 背景 　産業上・軍事上における鉄道輸送の統一化

> **海運**
>
> ❶ **三菱商会**（1873）　　　　　　軍事輸送を独占
> ❷ **三菱汽船会社**（1875）　　　　**上海航路**の開設、海運を独占
> ❸ **共同運輸会社の設立**（1882）　政府と三井による半官半民の運輸会社
> 　　 背景 　**三菱**と関係の深い**大隈重信**の下野
> 　　 影響 　三菱汽船会社と共同運輸会社の争いが激化
> ❹ **日本郵船会社の設立**（1885）　三菱汽船会社と共同運輸会社の合併
> 　　 結果 　近海航路・遠洋航路（**ボンベイ航路**）の開設
> 　　 影響 　日清戦争後、海運業に対する助成の拡大
> 　　　　　**造船奨励法・航海奨励法**（1896）
> 　　　　➡ 日本郵船による欧州航路・豪州航路の開設

③ 繊維工業と貿易

紡績業　綿花から**綿糸**を紡ぐ産業

❶ 輸入綿糸が在来の**手紡**や**ガラ紡**による生産を圧迫
　＊ガラ紡　1873年**臥雲辰致**が発明した紡績機で、第1回内国勧業博覧会に出品

❷ 政府主導による綿糸生産の機械化も不拡大 ➡ 紡績業の衰退

❸ **大阪紡績会社の設立**(1882)　渋沢栄一らによって設立された紡績会社

　内容　英国製紡績機械を採用した最新・最大の紡績工場
　　　　昼夜2交代制の導入、輸入綿花の使用、動力源は蒸気機関

　影響　機械制生産工場の新設
　　　　綿糸の生産量が輸入量を上まわる(1890)
　　　　綿糸の輸出量が輸入量を上まわる(1897)　中国・朝鮮向け輸出増
　　　　英国製機械とインド綿花の輸入 ➡ インド産綿糸を駆逐
　　　　➡ しかし、国際収支は赤字

綿織物業　たて糸とよこ糸の両方に綿糸を用いた**綿布**などの綿織物の生産業

❶ **日露戦争**後：輸入大型力織機による綿織物生産 ➡ 朝鮮・満洲市場への進出

❷ 農村での綿織物業：問屋制家内工業の状況
　➡ **豊田佐吉**考案の小型木製力織機の導入 ➡ 小工場への転換

❸ **綿布輸出額が輸入額を上まわる**(1909)

---

④ 製糸業 繭から繰り取り、生糸をつくる産業

製糸業

❶ **生糸**　幕末以来の日本最大の輸出品
　➡ 欧米向け輸出品として急速に発達　**理由**　外貨の獲得

❷ **座繰製糸の普及**　幕末からおこなわれていた一般的な製糸技術で、取っ手を手で
　　　　　　　　　　まわすことにより糸枠が回転する仕組みの製糸方法

❸ **器械製糸の発展**　糸枠を動力で回転させる製糸技術

　内容　輸入機械に学び、在来の技術を改良 ➡ 農村地帯に小工場が誕生

　経過　農家は**養蚕**に専念 ➡ 養蚕技術の向上　養蚕回数や養蚕農家の増加
　　　　日清戦争後：**器械製糸の生産量が座繰製糸の生産量を上まわる**
　　　　1884年以降：アメリカが最大の生糸輸出国 ➡ **日露戦争**後、さらに拡大

　結果　**世界最大の生糸輸出国**となる

絹織物業　生糸などの絹糸でつくった絹織物を生産する産業

❶ おもな生産地　**西陣**(京都)、**桐生・足利**(栃木)

❷ 輸出向けの**羽二重生産**の増大(北陸地方中心)

1 重工業と労働運動

❶ **政商の出現**　政府からの特権付与で新事業を開拓した資本家　例：**三菱・三井**

❷ 政商への**官営事業の払下げ**

　　●**三菱**　**高島炭鉱**(1881)、長崎造船所(1887)、佐渡金山・生野銀山(1896)

　　●**三井**　**三池炭鉱**(1888)、富岡製糸場(1893)

❸ **財閥への発展**　一族の独占的出資による資本を中心とした経営形態

　　➡ 大正期：**コンツェルン形態の形成**　**4大財閥：**三菱・三井・**住友・安田**

❹ **重工業の発展**

　　●造船業　**三菱長崎造船所**の成長

　　　➡ 安い鉄鋼の輸入（関税自主権なし）➡ 鉄鋼の国産化

　　●官営八幡製鉄所の設立(1897、北九州)　1901年操業開始

　　　内容 清の**大冶鉄山**の鉄鉱石と**筑豊炭田**の石炭使用
　　　（のち、満洲の**撫順炭田**の石炭）

■おもな官営事業

足尾銅山
佐渡金山
筑豊炭田
八幡製鉄所
生野銀山
富岡製糸場
三池炭鉱
大阪紡績会社
長崎造船所
高島炭鉱

2 労働運動

❶ **賃金労働者**の増加

　　●**紡績・製糸業**　女性労働者(工女)中心　●**重工業・鉱山業**　男性労働者中心

　　影響 低賃金・長時間労働 ➡ **ストライキ**の勃発(1897、約40件)

❷ **労働組合期成会**の結成(1897)　**高野房太郎・片山潜**

　　内容 労働組合結成を促進させる組織

　　影響 労働組合を組織する動き

❸ 足尾鉱毒事件 ＊**足尾銅山**(栃木)　**古河市兵衛**が買収(1877)

> 内 容　足尾銅山からの鉱毒が渡良瀬川流域の農民・漁民に被害を与えた事件
> 経 過　**田中正造**による天皇への直訴(1901)

> > 結 果　谷中村の廃村と遊水地の設置(1907)

❹ 政府の対抗策
- **治安警察法**(1900)　労働運動弾圧法、労働者の団体権・ストライキ権の制限
- **工場法**(1911公布、1916実施)　日本で最初の労働者保護法
  > 内 容　労働時間12時間、女性・年少者の深夜業禁止 ➡ 小工場は適用外

3　農業と農民

❶ 金肥の導入　中国産の大豆粕・人造肥料の輸入

❷ 米の輸入国への転換(19世紀末)　理 由　人口増加

❸ 寄生地主の誕生　　背 景　**松方デフレ**による小作地率の向上
> 内 容　みずからは農業経営をせずに高額な現地小作料に依存する大地主
> 影 響　現物納する小作農の困窮、米価上昇による寄生地主の収入増

4　学校教育の進展

小学校教育　❶ 就学率の向上(1890年代) ➡ 女子就学率も向上
　　　　　　　❷ 義務教育期間の授業料禁止(1900)

高等教育

❶ 東京大学(1877、東京開成学校と東京医学校の統合)、**工部大学校**(1877、工学校を改称)

❷ 学校令(1886)　**小学校令・中学校令・帝国大学令・師範学校令**の総称
- 帝国大学令　東京大学 ➡ **帝国大学**、9帝大(京都・東北・九州帝国大学等)

❸ 私立学校
- **慶応義塾**(1868、福沢諭吉)
- **東京専門学校**(1882、大隈重信、のちの**早稲田大学**)

❹ その他　官・公立の実業学校の創設

帝国主義と列強の展開

1 欧米列強はどのように帝国主義を展開したのだろうか？

1 第2次産業革命と帝国主義

❶ 第2次産業革命

内容 1870年代から始まった、石油や電力を動力源とする重化学工業・電機工業などを中心とした産業の技術革新

影響 大規模化した産業
➡ 巨額な資本の必要性
➡ 企業と銀行の連携
原料・燃料の調達
➡ 植民地拡大の要請

❷ 帝国主義の登場

背景 資本主義の発展による資源供給地・輸出市場として、植民地が重視される

内容 1880年代以降、ヨーロッパ列強による植民地の獲得競争

影響 ●本国経済の成長
➡ **国民国家**の確立・
　　ナショナリズムの高揚
●「白人の責務」遅れた国を文明化することを責務とし、植民地支配を正当化

2 列強各国の内政と帝国主義

イギリス　国際政治を主導

❶ 世界的な不況(1870〜90年代) ➡ 鉄鋼生産量が米・独を下まわる

❷ 白人植民地を自治領として間接支配　カナダ・オーストラリア・ニュージーランド

❸ 労働党の成立(20世紀初頭)　議会を通じて社会改革をはかる労働者政党

❹ アイルランド自治法の成立(1914)

　影響 北アイルランドでの反発
　➡ **第一次世界大戦**の勃発を理由に自治法の実施を延期

フランス

❶ 第三共和政　植民地獲得の推進、植民地の民は共和政の平等な市民に入らず

❷ ドレフュス事件(1894〜99)

　内容 反ユダヤ主義にもとづくユダヤ系軍人ドレフュスへの冤罪事件

　結果 保守派(反ユダヤ主義)と共和派への分裂 ➡ 共和派が優位となる

　影響 **社会党**の成立(1905)

ドイツ

❶ ヴィルヘルム2世の即位(1888)　**ビスマルク**と対立
　ビスマルクがおこなったロシアとの**再保障条約**の更新を拒否 ➡ ビスマルク辞任

❷「世界政策」(ドイツの**帝国主義**政策)の提唱、海軍の増強 ➡ イギリスに脅威

❸ 社会主義者鎮圧法の延長の拒否 ➡ 社会民主党の勢力拡大
　＊理論家**ベルンシュタイン**は、急激な革命ではなく、議会主義的改革を重視
　➡ 社会主義者は「**修正主義**」として非難

ロシア

❶ シベリア鉄道の起工(1891)　シベリア開発や極東支配の足がかり
❷ 日本との対立
- 義和団戦争(1900〜01)　中国東北部(満洲)支配に関して対立激化
- 日露戦争(1904〜05)　ロシアの戦況が不利 ➡ ポーツマス条約の締結

❸ 1905年革命の勃発　 契機 「血の日曜日事件」
➡ 皇帝ニコライ2世は憲法を制定し、国会を開設して事態を収拾
❹ ニコライ2世の専制化　ロシア社会民主労働党への弾圧
➡ ボリシェヴィキ(急進的な革命家)とメンシェヴィキ(大衆的な労働者党)に分裂

アメリカ

❶ 世界第1位の工業力(19世紀末)　西部開拓の進展(1880年代まで)
❷ アメリカ＝スペイン(米西)戦争(1898)
- 経過 キューバ独立支援を理由に開戦 ➡ アメリカの勝利
- 結果 スペインからフィリピン・プエルトリコ・グアムを獲得
  キューバの保護国化、ハワイ併合
❸ セオドア＝ローズヴェルト大統領の「棍棒外交」
- 内容 アメリカによる軍事力を背景としたカリブ海政策
  パナマの独立支援 ➡ パナマ運河の開設
❹ ジョン＝ヘイ国務長官による「門戸開放宣言」
- 内容 対中国政策における門戸開放・機会均等・領土保全を主張
❺ 移民
ヨーロッパからの移民が急増(1880年代) ➡ 中国系・日系移民の増加
- 影響 中国人移民禁止法(1882)
  日本人移民排斥運動(1906) ➡ 排日移民法(1924)

3 「世界の一体化」の進展

■スエズ運河とパナマ運河

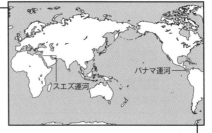

❶ スエズ運河の開通(1869)
- 内容 地中海と紅海を結ぶ全長
  約162kmの運河
- 結果 ヨーロッパとアジアの
  航路を短縮した
❷ パナマ運河の開通(1914)
- 内容 中米のパナマ海峡に建設
  された太平洋と大西洋を
  つなぐ運河
- 経過 アメリカがパナマを独立させる(1903) ➡ 運河地帯の租借権を獲得
❸ 第2インターナショナル(1889)
パリで結成された社会主義政党の国際組織

2 欧米列強はどのような世界分割をおこない、対立を深めていったのだろうか？

① アフリカの植民地化

アフリカ分割

❶ **リヴィングストン**らの探検 ➡ **植民地獲得競争**の舞台（1880年代以降）

❷ **ベルリン＝コンゴ会議**（1884～85） ビスマルクの提唱

内容	アフリカ分割に関する列強による国際会議
結果	コンゴをベルギーの実質的植民地として認定
	アフリカを植民地化するにあたっての「**実効支配の原則**」を決定
影響	ヨーロッパ列強によるアフリカにおける**植民地獲得競争**の激化

② 列強の動き

イギリス

❶ **エジプトの保護国化**（1880年代初め）、**スーダンの征服**（1899）

❷ **南アフリカ戦争**（1899～1902） **ブール人**との戦争

目的 南アフリカの金とダイヤモンドの獲得

結果 イギリスが勝利し、ブール人による2つの国家の領有権を獲得

■3C政策と3B政策

❸ ３C政策

イギリスによるインド洋を支配する**帝国主義**政策

＊**アフリカの縦断政策** ケープタウン・カイロと**カルカッタ**を結ぶ

フランス

❶ **アルジェリア** ➡ **チュニジアの保護国化**（1881）、サハラ砂漠地帯へ進出

❷ **アフリカの横断政策** ➡ ジブチ・マダガスカルとの連結をはかる

❸ **ファショダ事件**（1898）

内容 横断政策をとるフランスと縦断政策をとるイギリスが、スーダンのファショダで遭遇した事件

結果 ドイツを警戒するフランスが譲歩し、スーダンはイギリスが支配

❹ **英仏協商**（1904） エジプトのイギリス支配とフランスのモロッコ支配を承認

イタリア

❶ **エチオピア侵入**（1895～96） アドワの戦い（1896）で敗北

❷ **イタリア＝トルコ戦争**（1911～12）

内容 イタリアがオスマン帝国領獲得のためにおこした戦争 ➡ リビアの獲得

アフリカ分割の結果

エチオピアとリベリアを除き、ヨーロッパ列強の植民地として分割

③ 太平洋諸地域の分割

イギリスによる植民地化

オーストラリア　❶ **イギリスの流刑植民地**(1788) ➡ 大陸全体の植民地化(1829)
　　　　　　　　　❷ **ゴールドラッシュ**(1851) ➡ イギリスの自治領となる(1901)
　　　　　　　　　❸ 先住民**アボリジニ**を抑圧

ニュージーランド
❶ イギリス人探検家**クック**が領有を宣言(1769) ➡ イギリスの植民地化(1840)
❷ 先住民**マオリ**の抵抗が激化 ➡ イギリスの自治領となる(1907)

アメリカによる植民地化

❶ **アメリカ＝スペイン戦争**の勝利 ➡ **フィリピンとグアム**の獲得
❷ ハワイ王国(1810、カメハメハ王朝が樹立) ➡ アメリカの**ハワイ併合**(1898)

④ ラテンアメリカの動向

メキシコ　　メキシコ革命(1911)
内容 メキシコでおこった民主主義革命
経過 独裁政権の崩壊
　　　➡ 立憲改革をめざす自由主義者と農民指導者(**ビリャ**)の争い
結果 自由主義者による政権樹立(1917) 憲法の制定、農民労働者の権利を擁護

⑤ 列強の二極分化

ドイツの動き
❶ 三国同盟(1882) **内容** フランスの孤立をはかる**ビスマルク外交**により結ばれ
　　　　　　　　　　　た、ドイツ・オーストリア・イタリアによる同盟
❷ 再保障条約(ドイツとロシアの秘密軍事条約)の更新拒否(1890)
　　理由 ドイツ皇帝**ヴィルヘルム2世**はビスマルク外交を否定
　　影響 ロシアのフランス接近 ➡ **露仏同盟**の締結(1891〜94)
❸ 3B政策　ドイツが西アジア進出をめざした**帝国主義**政策の日本における呼称
　　内容 **ベルリン・イスタンブル**(ビザンティウム)・**バグダード**を結ぶ鉄道計画

イギリスの動き
❶ 「光栄ある孤立」(19世紀後半)　クリミア戦争(1856)後の孤立外交政策
❷ 日英同盟の締結(1902)　孤立政策の転換、ロシアの極東進出への対抗
❸ 三国協商の成立　イギリス・フランス・ロシア3国の協力関係の総称
　●露仏同盟(1891〜94) ➡ フランスの国際的孤立解消
　●英仏協商(1904)　ドイツに対抗するため、両国の対立関係を解消
　●英露協商(1907)　イランの勢力圏の分割、アフガニスタンはイギリスの勢力圏

日露戦争とその影響

1 日露戦争はなぜおこったのだろうか?

1 列強の中国進出(中国分割)

```
背景  日清戦争で清が敗北
内容  独・露・英・仏が租借地を設定
   ➡ 米は門戸開放・機会均等・
      領土保全を主張
```

➡

中国知識人の危機感(**光緒帝**の時代)
➡ 根本的な制度改革を主張

康有為らが改革実行
(1898 **戊戌の変法**)

```
結果  西太后ら保守派のクーデタ
   により失敗(戊戌の政変)
```

```
列強は8カ国連合軍で
北京を占領
➡ 北京議定書(辛丑和
   約)で清は各国軍の北
   京駐屯などを認める
```

⇅

中国分割に対する民衆の排外運動の激化
*義和拳を極めた**義和団**が「**扶清滅洋**」をとなえる
➡ **義和団戦争**が山東省(独の租借地)から始まる

```
内容  ❶ 義和団が北京の列国公使館を包囲
      ❷ 清も同調(列国に宣戦布告)
```

↓

義和団戦争後もロシアは中国東北部(満洲)に軍隊をとどめる
日本は勢力圏の分割を提案(日露協商論=満韓交換論)➡ **日英同盟協約**の締結(1902)
日本国内における主戦論の高まり *内村鑑三・幸徳秋水らは非戦・反戦論を主張

↓

2 日露戦争(1904〜05)

```
*戦費は増税+外債
開始  日本が旅順港のロシア艦隊を攻撃
展開  ❶ 韓国内の軍事行動を認めさせる
      (日韓議定書)
      ❷ 日本軍は韓国から満洲に侵攻
        ➡ ロシアの根拠地である旅順占領
      ❸ ロシアのバルチック艦隊を破る
        (日本海海戦)
```

■日露戦争関係図

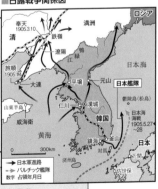

```
結果  日露両国とも戦争継続が困難
   *日本:補給の困難、ロシア:国内の革命運動
➡ 米大統領セオドア=ローズヴェルトが講和を仲介
```

46 ♠

2 日露戦争は日本に何をもたらしたのだろうか？

1 ポーツマス条約（1905）

全権 日本：**小村寿太郎**　ロシア：**ウィッテ**

内容

❶ 韓国に対する日本の監督・指導権を認める
❷ 旅順・大連を中心とする**関東州**の租借権を譲渡
❸ 長春以南の鉄道と付属する権益を譲渡
❹ 北緯50度以南の**樺太**の譲渡
❺ 沿海州とカムチャツカ半島沿岸の漁業権を認める

賠償金が得られない不満から講和反対の暴動が発生（日比谷焼打ち事件）

2 韓国の植民地化

背景 第1次日韓協約（1904）韓国に外交・財政顧問を送る
　　　第2次日英同盟（1904）英のインド支配と日本の韓国保護を相互承認
　　　桂・タフト協定（1904）米のフィリピン支配と日本の韓国保護を相互承認

↓

展開 第2次日韓協約（1905）韓国の外交権を奪取 ➡ 漢城に統監府をおく
　＊皇帝高宗が窮状を訴える密使を送る（**ハーグ密使事件**）

　　　第3次日韓協約（1907）韓国の内政権を奪取 ➡ 韓国軍隊を解散
　＊韓国民衆の抗日運動＝義兵運動 ➡ 伊藤博文の暗殺

　　　韓国併合条約（1910）韓国植民地化 ➡ 朝鮮総督府の設置
　＊**土地調査事業**で日本人の土地所有拡大（耕地を失う朝鮮農民の増大）
　＊日本の憲兵隊が独立運動を取り締まる

3 満洲の支配

■関東州

関東都督府の設置（1906）
　➡ 租借地の軍事・行政を管理

南満洲鉄道株式会社（満鉄）の設立（1906）
　➡ ロシアから引き継いだ鉄道などの経営

↑

アメリカの反発

内容 ❶ 門戸開放を求める
　　　 ❷ 日本人移民排斥運動

結果 **日米紳士協定**で解決をはかるが日米関係は悪化

❶ 日本国民の「一等国」意識が高まる

❷ 教育の普及を背景に文学が広がる ➡ 女性の立場に立つ雑誌『青鞜』創刊

❸ 第1次西園寺公望内閣が**日本社会党**の設立容認
　　◆ **大逆事件**(1910)で**幸徳秋水**ら死刑

3　日露戦争は国際的にどのような影響を及ぼしたのだろうか？

① 中国

| 清朝の改革 | **科挙の廃止、立憲政の準備**などの制度改革(**光緒新政**) |

＊清朝打倒をめざす革命の主張も広がる

➡ **孫文**が日本の東京で中国同盟会を組織(1905)
　　三民主義(**民族・民権・民生**)を掲げる

| 革命の勃発 | 政府の幹線鉄道国有化に対して四川で暴動(1911) |

➡ **武昌**の革命派による蜂起 ➡ 大半の省が独立表明(**辛亥革命**)

| 革命の混乱 | ❶ 孫文が**臨時大総統**に就任、南京で**中華民国**の成立を宣言(1912) |

➡ 清朝皇帝の退位と共和制維持を条件に**袁世凱**が**臨時大総統**就任

❷ 清朝最後の皇帝である**宣統帝**(**溥儀**)の退位(1912)

❸ 袁世凱が帝政を復活させて帝位につこうとする

➡ 地方の反乱や諸外国の不支持で失敗(その後病死)
　　列強の支援を受ける軍事集団が各地で分立・抗争

| 周辺地域の支配 | 漢・満・モンゴル・チベット・回の「**五族共和**」をめざす |

➡ チベットやモンゴルで独立運動(1924、**モンゴル人民共和国**)

■辛亥革命関係図

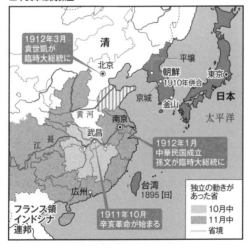

1912年3月
袁世凱が
臨時大総統に

清
北京
平壌
朝鮮
1910年併合
京城
釜山
東京
日本
太平洋
黄河
南京
武昌
長江
1912年1月
中華民国成立
孫文が臨時大総統に
広州
台湾
1895 [日]

フランス領
インドシナ
連邦

1911年10月
辛亥革命が始まる

独立の動きが
あった省
10月中
11月中
省境

孫文(1866〜1925)

袁世凱(1859〜1916)

② **インド**

インド国民会議の結成(1885)

➡ イギリスの対応　❶ 反英運動の中心地を分割する**ベンガル分割令**(1905)
　　　　　　　　　　　　＊**ヒンドゥー教徒**と**ムスリム**を対立させて民族運動を抑圧
　　　　　　　　　　❷ 親英的な**全インド＝ムスリム連盟**の結成(1906)
インド国民会議の分割反対運動によりベンガル分割令は撤回(1911)

③ **東南アジア**

インドネシア

オランダの支配下

➡ **イスラーム同盟**(サレカット＝イスラム)の結成(1912)

ベトナム

フランスの支配下

➡ **ファン＝ボイ＝チャウ**が独立をめざす
日本へ留学生を派遣する**ドンズー(東遊)運動** ⬅ 日本は留学生を国外退去

フィリピン

スペインの支配下

➡ 1880年代に**ホセ＝リサール**が民族意識を高める
フィリピン革命の開始(1896)
アメリカ＝スペイン(米西)戦争(1898)でアメリカが領有権獲得
革命運動は**アギナルド**を中心に継続するがアメリカに降伏(1901)

④ **西アジア**

イラン

ガージャール朝の専制と列強への従属

➡ 反対するウラマーや都市住民による**立憲革命**(1905〜11)
国民議会の開設と憲法発布が実現するがロシア軍の干渉による抑圧

オスマン帝国

専制に反対する知識人や青年将校が**青年トルコ革命**をおこす(1908)

➡ スルタンの大権を廃した改正憲法のもとで議会再開

第一次世界大戦とロシア革命

1 第一次世界大戦はなぜおこったのだろうか？

1 バルカン半島をめぐる対立

＊バルカン半島は
「ヨーロッパの火薬庫」

露：日露戦争で敗北
➡ バルカン半島への影響力を
強める

墺：**ボスニア・ヘルツェゴヴィナ**を併合
➡ セルビアが反発（同じ正教国
である露に支援を求める）

バルカン戦争の勃発

第1次バルカン戦争

露が**バルカン同盟**を結成（1912）
➡ オスマン帝国に勝利

第2次バルカン戦争

領土の分配をめぐり同盟内で戦争
➡ 敗れたブルガリアが独・墺に接近

2 第一次世界大戦の開始

契機 サライェヴォ事件（1914.6）
ボスニア・ヘルツェゴヴィナの中心都市**サライェヴォ**で、オーストリア帝位継
承者夫妻がセルビア人により暗殺される

➡ 7月末に墺がセルビアに宣戦布告
独が露に宣戦布告、仏・英も参戦、日本は**日英同盟**を理由に独に宣戦布告

推移 ❶ 独の戦況

┌ **西部戦線** 中立国**ベルギー**に侵入（フランス進撃は阻止される）
│ 機関銃で相手の突撃を阻止する**塹壕戦**となる
│ ➡ **毒ガス・戦車・潜水艦・航空機**などの**新兵器**が登場
└ **東部戦線** ロシア領ポーランドに侵入（決定的な打撃を与えられず）

❷ 参戦国

┌ **同盟国**側 独・墺・オスマン帝国・ブルガリアなど
└ **連合国**側 露・仏・英　＊伊は墺と対立したため連合国側で参戦

3 総力戦としての第一次世界大戦

❶ 高度に発達した産業力の発揮
❷ 日常生活を国家が再編
➡ **挙国一致体制**の確立
＊**配給制**の実施
❸ **植民地**の人々を兵士・労働力
として大規模に動員
➡ 男性の出征による人手不足

■第一次世界大戦中のヨーロッパ

2 第一次世界大戦で各国の社会や国際秩序はどのように変化したのだろうか？

1 日本

イギリスの軍事協力の要請を、中国での権益拡大の好機と判断

参戦 第2次大隈重信内閣の**加藤高明**外相が**日英同盟**を根拠に決定(1914.8)

展開 ❶ **ドイツ領南洋諸島・山東省青島**を攻略
　　　　❷ イギリスの要請で地中海に軍艦を派遣
　　　　❸ **中華民国**の袁世凱政府に対して**二十一カ条の要求**(1915.1)
　　　　　　➡ **旅順・大連**の租借権の延長などを求める
　　　　　　➡ 中国政府は強く反発(英米も日本に不信感)

＊日本は軍事的圧力で第5号(中国政府への日本人顧問の採用)以外の要求を承認させたため、中国では要求を受諾した5月9日を「**国恥記念日**」とした

2 イギリス

❶ **秘密外交**の展開(勢力圏の再分配を取り決める)
❷ オスマン帝国をめぐる矛盾した取決め
　┌ 列強諸国間　英・露・仏は**サイクス・ピコ協定**でアラブ地域を分割
　│ 対アラブ人　英が**フセイン・マクマホン協定**で独立国家の建設を約束
　└ 対ユダヤ人　英が**バルフォア宣言**でユダヤ人の「民族的な郷土」の建設承認

3 アメリカ

参戦 ドイツが**無制限潜水艦作戦**を開始(1915)
　　　　➡ 中立であったアメリカ合衆国の参戦(1917.4)

展開 大統領ウィルソンによる「**十四カ条**」の平和原則(1918.1)
　　　　＊**秘密外交の廃止、植民地問題の公正な調整、国際平和機構の創設**など
　　　　➡ アジア・アフリカの人々に解放の期待を与える

4 ロシア

❶ **社会主義革命**の発生(1917.11)
　　➡ 同盟国と**ブレスト＝リトフスク条約**を締結して単独講和を実現
❷ **東部戦線**の戦闘終結(1918.3)

3 第一次世界大戦はどのように終結したのだろうか?

1 第一次世界大戦の終結

連合国の攻勢
アメリカ軍の支援で西部戦線の
ドイツ軍に打撃

→

ブルガリア・オスマン帝国の降伏
オーストリアは諸民族の国家に解体
ドイツは食料不足が深刻化

↓

ドイツ革命
❶ キール軍港で兵士が蜂起(1918.11)
❷ ベルリンでドイツ共和国が成立
　→ ヴィルヘルム2世は亡命

2 第一次世界大戦の結果

❶ ヨーロッパ諸国の国力低下
　→ アメリカの発言力増大、日本の存在感の高まり、植民地の政治的自覚の高まり
❷ 民衆が政治的・社会的権利を要求
　→ 女性の社会進出も影響

4 ロシア革命は世界にどのような影響を与えたのだろうか?

1 ロシア革命の勃発

帝政ロシアの終焉　第一次世界大戦の開戦後も挙国一致体制は不成立
❶ 首都ペトログラードで食料不足を理由に労働者と兵士が反乱(1917.3)
　→ 皇帝ニコライ2世の退位(二月〈三月〉革命)
❷ 自由主義者を中心に臨時政府が成立　＊戦争を継続したため民衆は不支持
　→ 社会主義者はソヴィエト(評議会)を各地につくり講和を呼びかける

↓

社会主義政権の誕生
❶ ボリシェヴィキ(多数派)の指導者レーニンが亡命先のスイスから帰国
　→ 即時終戦と臨時政府打倒を主張(民衆も支持)
　＊ボリシェヴィキ以外の社会主義者は臨時政府(ケレンスキー首相)を支持
❷ ボリシェヴィキはペトログラードで武装蜂起(1917.11)
　→ 史上初の社会主義政権の樹立(十月〈十一月〉革命)
❸ ソヴィエト政権の施策
　「平和に関する布告」　即時講和の呼びかけ
　「土地に関する布告」　土地の私的所有の廃止

2 ロシアの内戦とソ連の誕生

ロシアの内戦

❶ 憲法制定会議(1918.1) ➡ 選挙で**エスエル**が勝利 ➡ 武力による議会閉鎖

❷ ブレスト＝リトフスク条約(1918.3)で領土と賠償金要求を受け入れる
➡ 首都を安全な内陸部の**モスクワ**に移す

❸ 自由主義者や社会主義者・軍人ら反革命勢力と、ソヴィエト政権のあいだで内戦
➡ 連合国はチェコスロヴァキア軍を支援する名目でロシアに派兵

【内戦への対応】

❶ 赤軍の結成 ➡ 共産党(ボリシェヴィキの改称)による一党独裁体制

❷ 市場経済を部分的に容認する新経済政策(ネップ)を宣言

ソ連の誕生

コミンテルン(第3インターナショナル、共産主義インターナショナル)の結成
➡ 旧ロシア帝国の周縁部にも共産党による民族共和国が誕生
ロシアと連合したソヴィエト社会主義共和国連邦(ソ連邦・ソ連)の結成

3 日本のシベリア出兵

■シベリア出兵

契機 連合国の呼びかけ(1918.8)

目的 ❶ チェコスロヴァキア軍団の
救援
❷ ロシア側の反革命勢力の援助

結果 失敗に終わる

理由 ❶ 第一次世界大戦の休戦
❷ チェコ軍団の救援成功
❸ 革命干渉の見込みなし
➡ 各国は撤退開始
(日本は占領継続)

影響 革命派が日本人殺害(**尼港事件**)
➡ 日本は北樺太(北サハリン)を占領

＊北樺太をのぞく撤兵は1922年から開始
＊北樺太の撤兵は1925年(日ソ基本条約で北樺太の資源獲得と引きかえ)

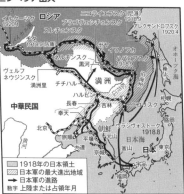

国際平和と安全保障

1 第一次世界大戦の戦後処理はどのように進められたのだろうか?

1 パリ講和会議(1919)

❶ 目的　第一次世界大戦の戦後処理と**戦後の新たな国際秩序**の構築

❷ 出席者　**連合国の代表**　＊**敗戦国・ソヴィエト＝ロシアの代表はまねかれず**
ウィルソン(合衆国大統領)、ロイド＝ジョージ(英首相)、
クレマンソー(仏外相)、西園寺公望(日)、オルランド(伊首相)

❸ 基本原則　大戦中に**ウィルソン**が提唱した「**十四カ条**」
➡ 英仏は同調せず、敗戦国(特にドイツ)に対し過酷な条件を要求

> **ヴェルサイユ体制**　第一次世界大戦後のヨーロッパの国際秩序

2 連合国と敗戦国の講和条約

❶ ヴェルサイユ条約(対ドイツ)

● 海外の全植民地の放棄
- ・**アルザス・ロレーヌ**を仏に割譲
- ・オーストリアとの合併禁止
- ・**ポーランド回廊**をポーランドに割譲
- ・**ザール地方**は国際管理後に住民投票で帰属決定

● 軍備制限、**ラインラント**の非武装化

● 賠償金支払い
＊**ロンドン会議**(1921)で1320億金マルクに決定

❷ サン＝ジェルマン条約(対オーストリア)

● オーストリア＝ハンガリー帝国の解体
➡ オーストリア、ハンガリー、チェコスロヴァキア、ユーゴスラヴィアに分離

● 「**未回収のイタリア**」をイタリアに割譲　● ドイツとの合併禁止

❸ ヌイイ条約(対ブルガリア)、**トリアノン条約**(対ハンガリー)、**セーヴル条約**(対オスマン帝国)

3 新興国の誕生　ロシア帝国・オーストリア＝ハンガリー帝国の崩壊により成立

❶ 「**十四カ条**」で提示された「**民族自決**」にもとづき、
中央ヨーロッパ・東ヨーロッパに新たな独立国が誕生

➡ フィンランド、エストニア、ラトヴィア、リトアニア、チェコスロヴァキア、
ハンガリー、ユーゴスラヴィアが独立

➡ **民族自決**の適用は無限の小集団を生み出し、かつそのなかに必ず少数派が生じる

■第一次世界大戦後のヨーロッパ

大戦前のオーストリア＝ハンガリー帝国の境界
─── 敗戦国　国名 あらたに独立した国　非武装地帯
以下の諸国を失った地：ドイツ、オーストリア＝ハンガリー帝国、ロシア、ブルガリア

4 植民地への対応

「十四カ条」に示された「植民地問題の公正な解決」に対し、
英仏は植民地支配を改めようとはせず

➡ 委任統治の発想が優位となる

➡ 旧オスマン帝国統治下のアラブ地域は英仏、旧ドイツ植民地のうち赤道以北の
南洋諸島は日本の委任統治領となる

5 世界規模での抗議運動

パリ講和会議の結果にアジア・アフリカの人々は失望

➡ 列強の支配への抗議運動が多発
三・一独立運動（朝鮮）、五・四運動（中国）

6 国際連盟の創設　ヴェルサイユ条約にもとづき史上初の国際平和機構として発足

❶ 発足　1920年1月　＊発足時の参加国は42カ国
❷ 本部　スイスのジュネーヴ
❸ 常任理事国　イギリス・フランス・イタリア・日本
❹ 特徴・問題点
　●議決方法は総会での**全会一致**、経済制裁は可能だが、軍事制裁の手段はもたず
　●**アメリカの不参加**　＊戦後、米議会は孤立主義を強め、国際連盟加盟を拒否
　●ドイツ、ソヴィエト＝ロシアの排除

7 ワシントン会議

❶ 目的　**第一次世界大戦後のアジア・太平洋地域の**
国際秩序の構築＝アメリカ・日本が台頭
❷ 出席者　合衆国大統領**ハーディング**が開催を提唱
　➡ アメリカ、イギリス、日本、中国など9カ国

**ワシントン
体制**の成立

四カ国条約

米・英・日・仏のあいだで締結、
太平洋地域の現状維持を定める
➡ 日英同盟解消

九カ国条約

**中国の主権尊重・門戸開放・機会均等・
領土保全の原則**を約束
➡ 日本は二十一カ条の要求を撤回し、
山東半島の利権を返還

海軍軍備制限条約

米・英・日・仏・伊のあいだで、**主力艦の保有比率**を定める
➡ 5：5：3：1.67：1.67　＊米が英と対等になる

2 第一次世界大戦を経て、西ヨーロッパ諸国では どのような変化が生じたのだろうか？

1 イギリス

❶ 選挙法改正

| 1918 **第4回選挙法改正** | ➡ 21歳以上の男性と30歳以上の女性に参政権 |
| | = 男性普通選挙　= 英史上初の女性参政権 |

| 1928 **第5回選挙法改正** | ➡ 21歳以上の男女に参政権＝**普通選挙**の完成 |

❷ 労働党の躍進　　1924　第1次**マクドナルド**労働党内閣の成立

❸ 大英帝国の再編　●**ウェストミンスター憲章**(1931)
　　　　　　　➡ イギリス連邦(コモンウェルス)に再編
　　　　　　　＝カナダ・オーストラリア・ニュージーランドなどの自治領
　　　　　　　　は、本国と対等な地位を認められる

●**アイルランド問題**

| 1914 **アイルランド自治法**成立 |
　　　➡ 第一次世界大戦を理由に実施延期に

1916 アイルランド独立を求め、ダブリンで武装蜂起が発生

| 1919〜21 **アイルランド独立戦争** |

1922 アイルランド自由国(自治領)が成立

　　➡ 北アイルランドがイギリス領として分離

　　➡ 自由国内が分離の可否についての意見対立から分裂、内戦に発展

　　➡ イギリスの支援を受けた分離容認派が勝利するも、独立運動は継続

2 フランス

●第一次世界大戦の被害　国内が戦場になる、英・米への戦債、ソヴィエト＝ロシア
　　　　　　　　　　　　政権による帝政時代の債務破棄
　　　　　　　　　　　　➡ ドイツへの報復を求める声が高まる

| 1923 ルール占領 | **ポワンカレ**内閣はドイツの賠償金支払い遅延を理由に、**ベルギーと共にルール工業地帯を占領** |

1925 フランスに対する国際的非難が高まり撤兵

　　　＊フランスの外交方針は、対独強硬 ➡ **協調外交**へ

3 ドイツ

❶ ヴァイマル共和国の成立　　1919.8 ヴァイマル憲法制定　＊**社会民主党**政権下

　　　　　＝人民主権、社会権、成年男女の普通選挙権などを規定
　　　　　➡ 軍部や保守派は反発

❷ 経済情勢

1923 フランス・ベルギーによる**ルール占領**

➡ ストライキなどの「消極的抵抗」の
結果、インフレが極限に達する

➡ **シュトレーゼマン**首相が新紙幣**レン
テンマルク**を発行、インフレ収束

1924 **ドーズ案**の成立

■ドーズ案成立後の資本の国際的循環

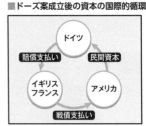

=独の年間賠償額引下げと期限の緩和を決定
アメリカ資本導入によりドイツの経済復興が進展 ➡ 相対的安定期へ

❹ イタリア

❶ 国内の対立

戦勝国でありながら、**パリ講和会議**では期待通りの領土拡張が認められず

➡ インフレなどの不満を背景に民衆が、地主・資本家に対する抗議運動を展開

➡ 地主・資本家は一部の復員した兵士とともに武力で対抗

❷ 独裁体制の樹立

●**ムッソリーニ**による**ファシスト党**の結成

＝労働運動や農民運動を**黒シャツ隊**と呼ばれる私兵を率いて弾圧

➡ 各地の保守的勢力（地主・資本家・軍人）や中間層の支持を獲得

●**ローマ進軍**（1922）

ムッソリーニは政権獲得をめざしローマにファシスト党員を結集させる

➡ 国王から首相に任命され、ムッソリーニ政権が成立

●**一党独裁体制**の樹立 **ファシスト党**以外の政党を解散（1926）

---

3 **1920年代後半に国際協調が進んだ背景とその展開は
どのようなものだったのだろうか？**

背景 **ルール占領**の失敗 ➡ 各国で対独強硬外交の見直しがはかられる

ロカルノ条約（1925）➡ ドイツが常任理事国として**国際連盟**に加盟（1926）

●独外相**シュトレーゼマン**が、仏外相**ブリアン**と協力して締結
●**ラインラントの非武装化**などを再確認

不戦条約（1928） 1920年代後半に進んだ国際協調の模索への動きの頂点

●合衆国国務長官**ケロッグ**と仏外相**ブリアン**の主導で成立
●**国際紛争を解決する手段としての戦争を禁止**
●当初、日本を含む15カ国が加盟 ➡ のち63カ国に

アジア・アフリカの民族運動

1 東アジアにおける民族運動は、どのような経過をたどったのだろうか？

1 東アジアの民族運動

朝鮮半島 大戦後、ロシア革命や民族自決の潮流に呼応して独立要求が高まる

● 三・一独立運動(1919)
独立万歳を叫ぶデモがソウル(京城)で始まり、朝鮮全土に広がる

➡ 朝鮮総督府が武力により鎮圧
➡ 事件に衝撃を受けた原敬内閣は**武断政治**をゆるめ「文化政治」へ転換

中国 辛亥革命後も安定しない政治、日本に認めさせられた二十一カ条の要求に対する失望から、反軍閥・反帝国主義の運動が高揚

● パリ講和会議 中国は二十一カ条の要求撤廃を提案するも、列強は無視

● 五・四運動(1919)
北京大学の学生が**パリ講和会議**における列強の対応に抗議のデモをおこす

➡ ヴェルサイユ条約反対・日本商品排斥を訴える運動が全国に波及
➡ 中国政府はヴェルサイユ条約の調印を拒否
➡ **九カ国条約**締結後、日中間交渉により山東省のドイツ利権は中国に返還される

● 新文化運動 ➡ **五・四運動**の広がりを支える

(始まり) 辛亥革命後、**陳独秀**らの知識人は、新たな社会の形成に向けた大衆の啓蒙の必要性を痛感

(経過) 「民主と科学」を旗印として雑誌『**新青年**』を創刊

➡ 難解な文語にかわる口語の提唱、儒教に対する批判を展開
➡ 旧社会の弊害を鋭く指摘する**魯迅**らの小説・評論を若者らが支持

2 国民党と共産党

❶ 新たな国家の建設をめざす動き

● ソヴィエト**政権**への接近
1919 ソヴィエト政権は帝政時代の侵略地や不平等条約放棄を宣言

● 中国国民党の結成
1919 五・四運動の広がりをみた孫文が、大衆的政治運動の必要性を痛感し、コミンテルンの援助を受けつつ、資本主義のもとでの発展をめざし結成

● 中国共産党の結成
1921 新文化運動を担う知識人の一部が、ロシア革命の影響下で社会主義支持者となり、**陳独秀**を初代委員長としてコミンテルンの指導下で結成

❷ 国共合作と分裂

- **●第1次国共合作**（1924）　各地に分立する**軍閥**を排除し中国を統一するため、中国国民党が中国共産党に呼びかけて協力体制を構築
- **●孫文死去**（1925）　以後、**蔣介石**が国民革命の指導者に
- **●北伐**（1926～28）　軍閥の打倒と中国統一をめざし、**蔣介石**率いる軍隊が北上
- **●上海クーデタ**（1927）
  中国共産党の指導する農民運動が激化し、地主に対する攻撃へ向かう
  - ➡中国国民党右派は危機感をいだく
  - ➡蔣介石が**上海クーデタ**で中国共産党を弾圧（国共分裂）、**南京国民政府**を樹立
- **●中国統一**（1929）
  中国国民党は北伐を再開、満洲の軍事指導者であった**張作霖**が、日本の関東軍により殺害されたあと、子の**張学良**が国民政府に合流し達成

❸ 国民政府と共産党

- **●米英の対応**
  大陸進出を進める日本に対抗するため、蔣介石を支援
  - ➡中国国民党のもとで**関税自主権**が回復されるなど、経済成長の基礎を形成
- **●中国共産党の動向**
  国共分裂後、土地改革を進めながら農村に根拠地を建設
  - ➡江西省の**瑞金**を首都として**中華ソヴィエト共和国臨時政府**を樹立
  ＊主席は**毛沢東**

■北伐関係図

---

2 インド・東南アジアの民族運動は、どのような経過をたどったのだろうか？

1 インドの民族運動

❶ 民族運動高揚の背景

- **●第一次世界大戦**中、イギリスはインドに戦争協力の見返りに戦後自治を約束
- **●第一次世界大戦**中、インドでは産業発展が進み、**タタ**などの民族資本家が成長
  - ➡国家の独立、近代化に向けた動きが高まりをみせる

❷ 民族運動高揚のきっかけ　イギリスによる民族運動の弾圧
　　●ローラット法(1919)　令状なしの逮捕、裁判手続きなしの投獄を認める
　　●**1919年インド統治法**　自治とは程遠い内容

❸ 抵抗運動の展開

1920	戦後の自治を約束しながら民族運動を弾圧するイギリスに対し、**インド国民会議派**のガンディーが**非暴力**を掲げて**反英民族運動**を開始 ＊当初は**全インド＝ムスリム連盟**も支持
1927	イギリスは新たなインド統治法制定のため、憲法改革調査委員会設置 ＊委員にインド人が含まれず、民族運動は再び激化
1929	国民会議派ラホール大会で、**ネルー**らが **プールナ＝スワラージ**(完全独立)を決議
1930	ガンディーが「塩の行進」を開始
1935	**1935年インド統治法**　インド各州の自治がインド人にゆずられる
1937	州選挙実施　多くの州で国民会議派が政権を獲得

❹ ムスリムの分離
　州選挙の結果、ムスリムは多数派の州では勝利するものの、全体的には不振
　➡ **ジンナー**率いる**全インド＝ムスリム連盟**は、独自に**パキスタン**建設をめざす

2 東南アジアの民族運動

フィリピン　合衆国からフィリピン人への権限委譲が進む
1935　独立準備政府が発足

インドネシア(オランダ領東インド)
1920　**インドネシア共産党**結成　＊アジア初の共産党
　　　➡ オランダの弾圧を受けて壊滅
1927　**スカルノ**が**インドネシア国民党**を結成し独立を訴える
　　　➡ 1930年代に弾圧の強化により民族運動は停滞

ビルマ　1920年代から民族運動が始まる
1930　**タキン党**結成　➡ **アウン＝サン**を指導者として、社会主義国ビルマの独立をとなえるが、イギリスが弾圧

ベトナム(フランス領インドシナの一部を構成)
1930　**ホー＝チ＝ミン**らが**インドシナ共産党**を結成
　　　➡ 各地で民族運動を展開するも、弾圧される

タイ　**タイ立憲革命**がおこり、立憲君主政へ移行(1932)

3 アフリカ・西アジアの民族運動はどのような経過をたどったのだろうか？

1 アフリカの民族運動

- ●南アフリカ　先住民族会議（のちの**アフリカ民族会議〈ANC〉**）の結成（1912）
  第一次世界大戦後、人種差別撤廃運動を開始 ➡ アフリカ各地に民族運動が拡散
- ●欧米　アフリカ系知識人が中心となり**パン＝アフリカ主義**運動を展開（19世紀末）
  ➡ のちにアフリカ出身者が主導権を握り、独立運動を支える精神的支柱に

2 西アジアの情勢

❶ オスマン帝国からトルコへ

- ●帝国解体の危機　第一次世界大戦後、連合国軍・ギリシア軍が帝国各地を占領
  ➡ **セーヴル条約**（1920）により、領土が大幅に縮小
- ●新国家の建設
  ムスタファ＝ケマルが、アンカラに**トルコ大国民議会**を招集し、革命政権を樹立
  1922　ギリシア軍を撃退 ➡ アナトリア西部のイズミルなどを回復
  　　　スルタン制を廃止 ➡ オスマン帝国の滅亡
  1923　連合国と**ローザンヌ条約**を締結 ➡ 不平等条約を撤廃
  　　　トルコ共和国建国を宣言
  　　　＊首都は**アンカラ**
- ●トルコの近代化
  大統領に就任した**ムスタファ＝ケマル**は、**西欧化改革**を推進
  カリフ制廃止
  ➡ 政教分離、民族資本の育成、**トルコ＝ナショナリズム**の育成
  ＊ムスタファ＝ケマルは議会より**アタテュルク**（父なるトルコ人）の尊称を受ける

■第一次世界大戦後の西アジア

- □ パレスチナ
- ▨ 第一次世界戦後の独立国
- 数字 独立年
- ▨ 英領・英委任統治
- ▨ 仏領・仏委任統治

❷ パレスチナ　イギリスの多重外交の結果、アラブ人とユダヤ人の対立が深まる
　　19世紀末　ユダヤ人国家建設をめざす運動（**シオニズム**）が高揚
　　1916　**バルフォア宣言**で促進　＊**フセイン・マクマホン協定**（1915）に矛盾
　　　　➡ 第一次世界大戦後イギリスの**委任統治領**となり、ユダヤ人の入植が進む
　　　　➡ ユダヤ人とアラブ人の対立が深まる

❸ アフガニスタンとイラン

- ●**アフガニスタン**　**第3次アフガン戦争**（1919）でイギリスの保護国から独立
- ●**イラン**　**レザー＝ハーン**がガージャール朝を滅ぼし**パフレヴィー朝**樹立（1921）
  ➡ トルコにならって近代化を推進、国号をペルシアから**イラン**に改称

大衆消費社会と市民生活の変容

1 大衆消費社会はどのようにして始まったのだろうか？

1 第一次世界大戦とアメリカ

大戦前	ヨーロッパ諸国から資金を得て工業化を進める債務国
大戦中	連合国に物資・資金を提供（**債務国から債権国に転換**）
大戦後	ロンドンと並ぶ国際金融センターに成長

➪ 国際社会においてもっとも大きな政治的・経済的発言力をもつ

＊「アメリカの力により維持される平和」を**パクス＝アメリカーナ**という

＊1920年代のアメリカ経済の繁栄は「**永遠の繁栄**」と呼ばれた

2 大衆消費社会の出現　大量生産・大量消費・大衆文化が特徴

大量生産

1914　自動車会社の経営者**フォード**が生産工場にベルトコンベアを導入

➪ 流れ作業と部品の均一化、短期間での大量生産、価格の低下（＝**フォーディズム**）

＊自動車が交通の手段として普及（**モータリゼーション**）

大量消費

信用販売（月賦）により中所得層にも工業製品の購入が可能になる

定期的なモデルチェンジや、ネオンサインなどの大規模な広告が消費意欲を刺激

大衆文化

会社員・公務員などサラリーマン（俸給生活者）を中心とした都市中間層が支える

➪ 映画・出版・ラジオ放送などマスメディアが発達

＊**エディソン**が蓄音機・白熱電灯などを発明

＊映画産業の中心地は**ハリウッド**（チャップリンの「**モダン＝タイムス**」など）

3 アメリカの人種差別問題

黒人差別	白人とともに大戦に参加し権利意識を高めた黒人への反発 ➪ 人種差別団体の**クー＝クラックス＝クラン**（KKK）による暴力
移民差別	❶ 禁酒法（1919）　アルコールの製造・販売を禁止 ➪ 酒造業にたずさわる移民系企業への反発を反映 ❷ 移民法（1924）　東ヨーロッパ・南ヨーロッパからの移民規制 　　日本を含むアジアからの移民を禁止

＊中国移民はすでに禁止されていたため、日本移民がおもな対象

1 教育の発達

明治末期

明治末に義務教育の就学率がほぼ100％に達する

大正〜昭和初期

❶ 原敬内閣が**大学令**を公布（1918） 帝大以外に公立・私立大、単科大を認める

❷ 1920年代に中等教育段階への進学率は3割前後
➡ **サラリーマン**の増加（＝都市中間層・俸給生活者）

男性と対等に仕事をこなす「**職業婦人**」の登場

＊バスガール・タイピスト・電話交換手・デパート店員・事務員・教師など

❸ 児童の個性・自発性を尊重する**自由教育運動**の展開

＊沢柳政太郎の成城小学校、羽仁もと子の自由学園、西村伊作の文化学院など
＊身のまわりを描く**自由画教育運動**、生活体験を書く**綴方教育運動**の展開

2 都市化の進展

景観の変化

❶ 東京に鉄筋コンクリート造の**丸ビル**が完成

❷ ライト（米）の設計で帝国ホテルが完成

❸ 洋風の応接間をもつ日本式の**文化住宅**が流行

❹ 関東大震災を機に同潤会アパートが建設される

交通の発達

❶ 1円均一で走るタクシー（**円タク**）が出現

❷ 浅草・上野間に**地下鉄**が開通（1927）

生活の変化

❶ モダンガール（モガ）・モダンボーイ（モボ）の登場

❷ 三越などの百貨店（デパート）が誕生
➡ 郊外電車（私鉄）の発着駅には
ターミナルデパートが出現
＊大阪梅田の**阪急百貨店**が始まり

■**東京・大阪の人口推移**

（単位：万人）

	東京	大阪	小計 (a)	全国 (b)	a/b (％)
1903年末	182	100	282	4,673	6.0
1908年末	219	123	341	4,959	6.9
1913年末	205	140	345	5,336	6.5
1918年末	235	164	399	5,667	7.0
1920年10月	217	125	343	5,596	6.1
1925年10月	200	212	411	5,974	6.9
1930年10月	207	245	453	6,445	7.0
1935年10月	588	299	887	6,925	12.8
1940年10月	678	325	1,003	7,311	13.7

（中西聡『日本経済の歴史』より作成）

工業や科学技術の発達と衛生思想の普及
➡ 菓子や缶詰、調味料や飲料、医薬品などの大量生産　＊宣伝ポスターも盛ん

マスメディアの発達

映画　昭和初期までは無声映画で活動弁士が説明
　　　➡ **トーキー**(発声)映画の開始(1931)　＊ジャズ音楽・流行歌の普及

雑誌　❶ **大衆雑誌**　『**キング**』創刊(1925)
　　　　➡ 発行部数が100万部突破(1927)
　　　❷ **総合雑誌**　『中央公論』『改造』など
　　　❸ **週刊誌**　『週刊朝日』『サンデー毎日』など
　　　❹ **女性雑誌**　『主婦之友』『婦人公論』など
　　　❺ **少年雑誌**　『少年倶楽部』『少女倶楽部』など
　　　❻ **経済雑誌**　『経済雑誌ダイヤモンド』など
　　　❼ **児童雑誌**　鈴木三重吉の『**赤い鳥**』
　　　＊『種蒔く人』『戦旗』など**プロレタリア文学**の雑誌も登場

書籍　❶ **円本**　　1冊1円で配本する全集本(『現代日本文学全集』など)
　　　❷ **文庫本**　岩波文庫の創刊(1927)

新聞

1920年代中頃、有力全国紙が100万部達成を宣言
＊イベント企画として大阪朝日新聞社は**全国中等学校優勝野球大会**を開始

ラジオ

❶ **ラジオ本放送**の開始(1925)
　➡ 日本放送協会(**NHK**)に統合(1926)
　＊新交響楽団の演奏や野球の中継などが人気
(東京六大学野球は1926年に発足)
❷ レコードを再生する**蓄音機**の普及

娯楽

❶ 阪急電鉄社長の小林一三が宝塚少女歌劇団(**宝塚歌劇団**)を組織(1913)
❷ 浅草オペラの開始(1917)

■新聞の発行部数の拡大

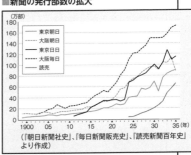

(万部)
東京朝日 / 大阪朝日 / 東京日日 / 大阪毎日 / 読売

(『朝日新聞社史』、『毎日新聞販売史』、『読売新聞百年史』より作成)

■ラジオの全国普及率

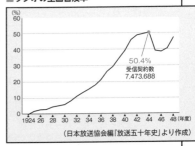

50.4%
受信契約数
7,473,688

(日本放送協会編『放送五十年史』より作成)

［ 衣服にみる生活様式の変化 ］

第一次世界大戦後、フランスで婦人服ブランドの「シャネル」を開店したココ＝シャネルは、働く女性のために機能的で活動的なデザインをつぎつぎと発表した。カーディガン＝スタイルを取り入れたスーツはとくに有名で、その流行もあり女性の服装は機能的に変化した。ちなみに、装飾性を重視したコスチューム＝ジュエリーや、香水「シャネル5番」の発売もココ＝シャネルの業績である。

■シャネルスーツの女性

女性の短いスカート丈にふさわしい絹製のストッキングが求められたことで、日本の生糸輸出は急激にのびたが、1930年代には生糸輸出が減少していくことがわかる（グラフ参照）。その背景には、ウォール街の株価暴落に端を発する世界恐慌と、アメリカのデュポン社の研究員ウォーレス＝カロザースによる化学繊維ナイロン開発の影響があった。ナイロンは「クモの糸よりも細く、鋼鉄よりも強い」繊維として広まった。

明治以降、日本での洋服は公的な場における衣服として広まったが、子どもや女性に浸透するまでには時間を要した。たとえ社会的な地位が高い女性でも、明治末期には和服姿で公の場に現れていた。しかし明治末期から大正にかけて日本人の本格的な洋装が進み、中学校や女学校の制服に洋服が取り入れられると、小学生や幼児も洋服を着るようになった。七五三の男児に着用させるラシャの水兵形セーラー服が流行し、女性については大正中期から子どもや女学生などの低年齢層を中心に、機能的・活動的な洋服が広まり始めた。

第一次世界大戦が終わると、都会の子どもが外出用に洋服を着ることが定着した。1927（昭和2）年に日本で初めて列車が開業した際に制作されたポスターには、半ズボン姿の男児がプラットホームで列車を待っている様子が描かれている。また、第一次世界大戦期における産業構造の変化にともなってサラリーマン層が拡大し、男性の通勤用の服装として洋服が一般化した。背広に帽子を身につけたサラリーマンが、都会ではめだつようになったのである。さらに女性の社会進出にともない、バスガールや紡績工場の制服として女性向けの洋服もしだいに広がりをみせるようになった。

この時代におこった生活様式の変化は衣服だけにとどまらない。食生活のあり方や住居など、人々の暮らしがどのような変化をみせたのかを調べてみるとおもしろい。

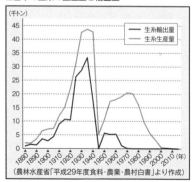

■日本の生糸の生産量と輸出量

（千トン）

（農林水産省「平成29年度食料・農業・農村白書」より作成）

社会・労働運動の進展と大衆の政治参加

1 政治や社会の民主的な「改造」をめざす動きが盛んとなったのはなぜだろうか？

1 大正政変

第2次西園寺公望内閣の崩壊（1912.12）

> 原因 財政難を理由に陸軍の2個師団増設要求を拒否
> 結果 陸軍は軍部大臣現役武官制を使い、内閣を総辞職に追い込む

↓

第3次桂太郎内閣の成立

> ➡ 倒閣をめざす政党の一部や言論界が第1次護憲運動を展開
> 　　中心 立憲国民党の犬養毅、立憲政友会の**尾崎行雄**
> 　　主張 「閥族打破・憲政擁護」
> ➡ 桂太郎は立憲政友会に対抗して新党結成をはかるが、計画は進まず
> 　　＊尾崎の弾劾演説をきっかけに衆議院を停会（1913.2）
> 　　展開 護憲運動に賛同する民衆が議事堂周辺に集まる（暴動も発生）
> 　　結果 第3次桂太郎内閣の退陣（大正政変）
> 　　＊桂太郎の新党は同年末に**立憲同志会**として結成される

↓

第1次山本権兵衛内閣の成立

> 性格 首相は薩摩出身の海軍軍人、**立憲政友会**を与党とする
> 政策 軍部大臣現役武官制の現役規定を削除（「**デモクラシー**」の拡大）
> 　　➡ 海軍の汚職事件（**シーメンス事件**）が発覚して退陣（1914）
> ＊「デモクラシー」：民衆の政治参加の拡大、政党内閣の恒常化をめざす運動
> 　➡ 大正期に高揚した「デモクラシー」の風潮：大正デモクラシー

2 第一次世界大戦と日本

第2次大隈重信内閣の成立（与党：立憲同志会）

> 政策 第一次世界大戦に参戦 ➡ 中国に対して二十一カ条の要求（1915.1）
> 結果 国際的な不信をまねいたとして元老たちの非難を浴びる
> 　　➡ 閣僚の汚職事件もあって内閣は退陣（1916）

寺内正毅内閣の成立

性格 首相は長州出身の陸軍軍人
  ＊大隈内閣の与党だった立憲同志会などは合同して**憲政会**を結成

米騒動

背景 シベリア出兵にともなう買占めで米価が暴騰(1918.8)
契機 富山県の主婦が米屋に押しかける
展開 全国で暴動 ➡ 寺内内閣は軍隊を動員して鎮圧
結果 米騒動の責任をとり内閣退陣

原敬内閣の成立

性格 初の衆議院議員の首相
  ➡ **立憲政友会**の党員が陸相・海相・外相以外を占める本格的な政党内閣
政策 産業の振興、交通の整備、高等教育機関の充実など積極的な政策を打ち出す
結果 大戦景気が終わり戦後恐慌が始まる(1920)

＊大戦景気：第一次世界大戦の勃発によりヨーロッパからの輸出がとまった日本で、重化学工業・繊維業・造船業の生産が急増し、工業生産額や工場労働者も増大したため、貿易が輸出超過による黒字に転じて好況になっていた

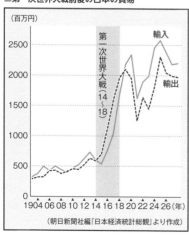

■第一次世界大戦前後の日本の貿易

（朝日新聞社編『日本経済統計総観』より作成）

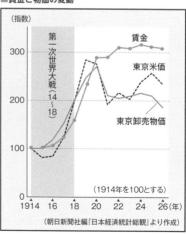

■賃金と物価の変動

（朝日新聞社編『日本経済統計総観』より作成）

2 「大正デモクラシー」の動きは、日本の政治や社会に どのような影響をもたらしたのだろうか？

1 普通選挙運動

背景 ❶ **美濃部達吉の天皇機関説**
天皇は国家機関の１つにすぎず、強力な政治を推進するには民意にもとづく政党内閣が望ましいと主張

❷ **吉野作造の民本主義**
民衆の意向にもとづく政治が理想であると主張

展開 吉野の影響を受けた東京帝国大学の学生が**新人会**を結成(1918.12)
➡ 吉野自身も盛んに講演活動をおこなうなど、**普選運動**が高揚

結果 原敬内閣は時期尚早と判断
➡ 有権者の納税資格を3円に引き下げるにとどめる

2 労働運動と社会運動

労働運動

国際労働機関(ILO) の設立(1920.1) 労働者の待遇改善につとめる
➡ 日本でも**八幡製鉄所**などで**労働争議**がおこる

農村の動き

小作料減免などを求める**小作争議**が高揚(1920) 408件、約3万5000人の参加
➡ 神戸で**日本農民組合**の結成(1922.4)
＊政府は**小作調停法**を制定して対応(1924)

女性運動

背景 ❶ アメリカで女性の権利大会が開催(1848)
➡ 以後、欧米で女性参政権獲得運動が盛んになる

❷ **国際女性参政権同盟**の結成(1904)
➡ **第一次世界大戦**で女性が社会進出したことで女性参政権獲得があと押しされる

展開 **市川房江**らが新婦人協会を結成(1920)
➡ **治安警察法改正**で女性の政談演説会への参加が認められる(1922)
➡ **婦人参政権獲得期成同盟会**の結成(1924)

部落解放運動

全国水平社の結成(1922.3) 部落解放運動が本格化

共産主義への関心

契機 マルクス『**資本論**』の日本語訳が出版される(1920)
➡ 日本共産党がコミンテルンの日本支部として秘密裏に結成(1922)

関東大震災(1923.9.1)

被害 東京・横浜を中心に10万人以上の死者が出る

混乱 ❶ 警察・軍隊などの流言で自警団による朝鮮人・中国人殺傷事件が発生

❷ 憲兵隊・警察などが大杉栄らの社会主義者や労働運動家を拘束・殺害

結果 多数の企業が被災

➡ 大量の不良債権(震災手形)が発生して景気は停滞

3 普通選挙の実現

原敬内閣の終焉

首相が東京駅で暗殺される(1921.11)

➡ ワシントン会議には後任の高橋是清首相が参加

➡ 立憲政友会内の対立を収集できずに総辞職

清浦圭吾内閣

性格 首相は官僚出身、非政党内閣

➡ 有力政党(護憲三派)は清浦内閣に対抗

立憲政友会の高橋是清 ┐
憲政会の加藤高明   ├➡「憲政擁護・普選実現」を掲げる
革新倶楽部の犬養毅   ┘

＊立憲政友会内の普選尚早派は脱党して政友本党を結成(清浦内閣を支持)

➡ 清浦内閣は議会を解散

➡ 総選挙で護憲三派が勝利(1924.6)＝第2次護憲運動

＊第1党の憲政会を中心に護憲三派内閣が成立

加藤高明内閣

普通選挙法(衆議院議員選挙法改正)の制定(1925.5)

内容 満25歳以上の男性に、納税資格に関係なく選挙権を付与

治安維持法の制定(1925.4)

内容 天皇制や資本主義の否定をはかる者を罰する(事実上共産主義を禁止)

＊のち全国に特別高等警察(特高)を設置

背景 同年1月の日ソ基本条約でソ連との国交樹立(共産主義革命を警戒)

➡ 天皇制を否定しない範囲では社会主義的な主張も許容

小作農や労働者の地位向上を主張する無産政党の結成も試みられた

世界恐慌の発生と各国の対応

1 世界恐慌はどのように発生したのだろうか？

① アメリカ合衆国の恐慌

> **恐慌の発生**　1920年代後半、国際協調と軍縮の精神が定着 ➡ **安定の時代**
>
> ⬇
>
> 1929.10　ウォール街の**ニューヨーク株式市場**で株価が大暴落
> ＊木曜日だったことから**「暗黒の木曜日」**と呼ばれる
> ＊**資本主義**経済では循環的に生産と消費のバランスが崩れる

② 世界恐慌

> **恐慌の拡大**
>
> アメリカがドイツの賠償金支払いを支えていたため、恐慌はヨーロッパ諸国に波及
> ➡ 世界に拡大して未曽有の規模となり深刻な影響をもたらす（世界恐慌）
>
> **拡大の原因**
> ❶ アメリカで農産品の価格が低下傾向 ➡ 農民の収入と購買力が低下
> ❷ 大量生産で過剰生産・供給過多が発生
> ❸ 世界の資本がアメリカに過度に集中

> **影響**　各国の景気の長期低迷と企業の倒産で失業者増大
> ➡ 社会不安の拡大

2 各国は世界恐慌にどのように対応したのだろうか？

① イギリス・フランスのブロック経済

> **イギリス**
> ❶ 労働党の**第2次マクドナルド内閣**
> 　➡ 失業保険の削減が労働党との対立を生み総辞職
> ❶ **マクドナルド挙国一致内閣**（保守党・自由党と結ぶ）
> 　金本位制の停止（1931）
> 　　＊金本位制　金が貨幣価値の基準となり金の保有量が貨幣流通量を左右
> 　➡ イギリスは自国の金流出を防ぐために金本位制から離脱
> 　　自国の貨幣の流通量を管理する管理通貨制度へ移行
>
> 　カナダで**オタワ連邦会議**を開催（1932）
> 　➡ イギリス連邦内に特恵関税制度を導入（**スターリング＝ブロック**の形成）

フランス

フラン＝ブロックの形成　＊フランスは1936年頃まで金本位制を維持

広大な植民地をもたないドイツ・イタリア・日本は経済的に不利

■ブロック経済圏

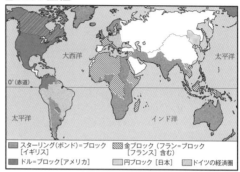

- スターリング（ポンド）＝ブロック［イギリス］
- 金ブロック（フラン＝ブロック［フランス］含む）
- ドル＝ブロック［アメリカ］
- 円ブロック［日本］
- ドイツの経済圏

2 アメリカのニューディール

フーヴァー**大統領（共和党）**

国家の経済への介入は最小限にするべきとして恐慌に積極的対応をせず
➡ 政府間の債務の支払い猶予宣言（フーヴァー＝モラトリアム）も効果なし

フランクリン＝ローズヴェルト**大統領（民主党）**

政府による積極的な市場介入路線に転換

「ニューディール」**政策**　＊「新規まき直し」の意味

❶ 補助金と引きかえに作付けを制限（農業調整法）
❷ 大規模な公共事業の促進（**全国産業復興法**）
➡ テネシー川流域開発公社（TVA）

＊1935年に全国産業復興法は違憲判決を受けたため、労働者の権利保護のためにワグナー法を制定（労働者の団結権・団体交渉権を保障）

❸ 労使関係への強力な介入

➡ 不況自体は解消できなかったが、大統領のリーダーシップが社会不安の拡大を抑制

外交政策の転換

❶ **キューバ**独立の承認（1934）
❷ ラテンアメリカ諸国に干渉しない「善隣外交」

■世界恐慌中の各国鉱工業生産指数の推移

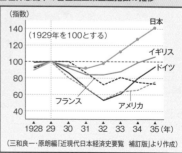

（三和良一・原朗編『近現代日本経済史要覧　補訂版』より作成）

3 ソ連の社会主義政策

ソ連の動向

❶ レーニンの死(1924)
➡ 後継者の地位をめぐる争いが激化

　　スターリン：**一国社会主義論**を主張 ➡ 勝利

　　トロツキー：**世界革命論**を主張

＊一国社会主義論：社会主義建設はソ連一国だけで可能
世界革命論：社会主義建設には世界規模の革命が必要

❷ 新経済政策(ネップ)(1921〜)
ロシア革命の内戦期にソヴィエト政権がとった政策

➡ 小企業や小農に自由経営を許して生産意欲を高める
　　＊1927年には戦前の生産水準に回復

国際社会への復帰

❶ ラパロ条約(1922)　ドイツと国交樹立

❷ イギリスによるソ連承認(1924)
　　＊1921年の通商協定で事実上承認していた

❸ フランスによるソ連承認(1924)

❹ 日本によるソ連承認(1925)
　　＊日ソ基本条約で日本軍は北樺太から撤退

❺ アメリカによるソ連承認(1933)
　　＊ソ連の市場としての可能性に期待するとともに、日本の勢力拡大を危険視したため

全面的な社会主義建設

❶ 新経済政策による貧富の格差拡大、失業者の増大
　　➡ 計画経済の導入(生産・流通・販売などを国が計画を立てて運営)

❷ 第1次五カ年計画(1928〜32)
農業の集団化　集団農場(コルホーズ)・国営農場(ソフホーズ)
穀物供出の義務化
抵抗を弾圧(強制収容所の設置)

➡ 新工場建設で労働者・失業者・若者の支持を集める
　　＊工業生産量の急速な拡大は資本主義諸国に衝撃

➡ のちにドイツや日本は計画経済を部分的に導入

ファシズムの台頭

1 ファシズムはどのように台頭したのだろうか？

1 ファシズム（全体主義）体制

契機 1920年代にイタリアで生まれ、世界恐慌を機にドイツにも広がる

イタリアの動向

- ムッソリーニがファシスト党を結成（1919）
  - ➡ 政権獲得のために「ローマ進軍」を実行（1922）
  - ファシスト党以外の政党を禁止して**一党独裁体制**を確立（1926）
- **ローマ教皇庁**とラテラノ条約に調印（1929）
  - ➡ ヴァチカン市国の独立を承認

特徴 ❶ **独裁的な指導者**による**一党制**（言論などをきびしく統制）
❷ 極端な**ナショナリズム**と**反共産主義**
❸ **人種主義政策**（ユダヤ人などの民族的少数者を迫害）
➡ **ヴェルサイユ体制**の転覆をめざして軍備拡大・領土拡張を追求

2 ドイツのナチズム

ナチスの台頭

ヒトラーが率いる**国民社会主義ドイツ労働者党（ナチ党・ナチス）**が党勢拡大
➡ 選挙でナチ党が第一党になる（1932）
ヒンデンブルク大統領の命で
ヒトラー内閣が成立（1933）

国会議事堂放火事件を共産主義者の陰謀として共産党弾圧
➡ **全権委任法**でヒトラーに独裁的権限を付与（一党独裁）
ヒトラーが**総統（フューラー）**に就任（1934）

＊作家**トーマス＝マン**、物理学者**アインシュタイン**は亡命

ナチスの組織

親衛隊（SS） ヒトラーの護衛部隊

突撃隊（SA） 反対勢力に対する軍事組織

秘密警察（ゲシュタポ） 敵対勢力の摘発

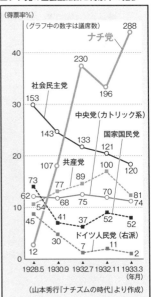

■ナチ党の国会議席数と得票率の推移

（得票率%）
（グラフ中の数字は議席数）

ナチ党 288
230
196
社会民主党 153
143
133 121
中央党（カトリック系）
国家国民党
107 100 120
共産党 89 81
73 77 70 74
62 68 75
54 41 37 52 52
45
30 7 11
12 2
ドイツ人民党（右派）

1928.5 1930.9 1932.7 1932.11 1933.3
（年月）

（山本秀行『ナチズムの時代』より作成）

> ### ナチスの政策

- ❶ 計画経済を導入して**公共事業を拡大**(失業問題の解決)
  - ＊**アウトバーン**(高速道路)の建設、**フォルクスワーゲン**の生産
- ❷ **ユダヤ人**に対する差別・迫害、大量虐殺(**ホロコースト**)
  - ＊障害者・同性愛者らも迫害
- ❸ 国際連盟**脱退**(1933)
  - ➡ ヴェルサイユ条約に従う住民投票で**ザール**併合(1935)
- ❹ **ヴェルサイユ条約**の軍備制限条項を破棄して**再軍備宣言**(1935)
  - ➡ 徴兵制の復活
- ❺ ロカルノ条約の破棄宣言(1936) ＊**仏ソ相互援助条約**が口実
  - ➡ 非武装地帯であった**ラインラント**進駐

2 ヨーロッパ各国はファシズムにどう対応したのだろうか?

1 イタリアの動向

> ●ムッソリーニ政権が**エチオピア侵攻**(1935) ＊翌年併合
> ➡ 国際連盟が経済制裁を宣言、英仏は実質的な措置をとらず
> ●スペイン内戦に介入(1936)
> ●日独防共協定に参加(1937)
> ●日本・ドイツについで**国際連盟から脱退**(1937)

2 ソ連の動向

> ### スターリンの独裁体制(1930年代)

> ＊指導者崇拝・一党制・言論統制の点でファシズム体制と類似
> - ❶ 階級闘争が基本理念
>   - ナショナリズムを基本理念とするファシズムと対立
>   - ➡ ナチス政権に批判的(「**反ファシズムの砦**」)
> - ❷ **第2次五カ年計画**(1933～37)
> - ❸ 国際連盟**に加入**(1934) ＊同年、アメリカがソ連承認
> - ❹ コミンテルン**第7回大会**(1935)
>   - ➡ 反ファシズムの「**人民戦線戦術**」を採択
> - ❺ **スターリン憲法**の採択(1936)
>   - 市民の権利や自由をうたうが実際にはスターリンによる独裁
>   - ➡ 政権批判を許さない監視体制で反対派を粛清

74 ◆

③ **フランスの動向**

反ファシズムの気運
➡ 社会党の**ブルム**を中心とする**人民戦線内閣**の成立(1936)

④ **スペイン内戦**

アサーニャを首班とする人民戦線内閣の成立(1936)
➡ 保守勢力を率いる軍人**フランコ**が反乱＝**スペイン内戦**
　ドイツ・イタリアは反乱軍を支援

　　＊**ゲルニカ**の無差別爆撃(1937)に抗議した**ピカソ**が「**ゲルニカ**」を描く

人民戦線政府を反ファシズムの**国際義勇軍**が支援(英仏は不干渉)
➡ 作家**ヘミングウェー**(米)や**オーウェル**(英)らが義勇軍に参加

反乱軍が内戦に勝利(1939)
➡ **フランコの独裁体制**が成立

⑤ **ドイツの拡張政策**

領土の拡大

❶ ドイツ民族の統一を掲げて**オーストリア併合**(1938)
❷ 「**民族自決**」を理由に**ズデーテン地方併合**(1939)
　＊チェコスロヴァキア領内でドイツ人居住者の多い地域だった
　＊イギリス・フランスは**ミュンヘン会談**を開く
　　イギリス首相**ネヴィル＝チェンバレン**
　　フランス首相**ダラディエ**
　　➡ 戦争回避のためドイツの行動を承認(宥和政策)
❸ チェコスロヴァキアの解体(1939)
　西側のチェコ(ベーメン・メーレン)を保護領とする
　東側のスロヴァキアを
　保護国とする

ソ連との関係

独ソ不可侵条約の締結(1939)
　[背景]
　ソ連：英仏への不信感を強める
　ドイツ：イギリス・フランス
　　　　　との開戦への備え

■ナチス＝ドイツの領土拡大

日本の恐慌と満洲事変

1 政党内閣は深刻な経済・外交問題にどのように対応したのだろうか？

1 第1次若槻礼次郎内閣（憲政会）

＊普通選挙法の制定により、日本でもイギリスなどを模範とした**二大政党による政党政治**（「憲政の常道」）の確立が期待された

外交 幣原喜重郎外相による協調外交（幣原外交）

➡ 中国の関税自主権回復を支持し、協調外交を展開

内政 ❶ 戦後恐慌からの回復や**震災手形**の処理が停滞

➡ 三井・三菱・住友などの財閥が拡大

❷ 金融恐慌の発生（1927.3）
衆議院での大蔵大臣の失言で銀行の危機的な経営状況が明らかになる

➡ 全国の銀行に預金者が殺到する事態（**取付け騒ぎ**）

➡ 台湾銀行救済の緊急勅令が枢密院で否決され、内閣は退陣

■恐慌の歴史

戦後恐慌 （1920）	**大戦景気の反動**。1920年3月の株式市場の大暴落が契機
震災恐慌 （1923）	**関東大震災が契機**となり発生した恐慌。**震災手形**（震災により決済不能となった手形）の処理が進まず、金融恐慌の原因となる
金融恐慌 （1927）	慢性的不況と震災手形処理問題が原因となり、**鈴木商店が倒産し、台湾銀行が休業**した。金輸出禁止は継続され、財閥支配が強まった。**モラトリアム（支払猶予令）**により収束
世界恐慌 （1929）	ニューヨークの株式大暴落が発端となり、世界中に拡大
昭和恐慌 （1930～31）	世界恐慌の波及と金解禁の断行によりおこった第二次世界大戦前最大の恐慌。**農業恐慌**を併発した。**金輸出再禁止**（1931）により収束

■業種別払込資本金の財閥への集中

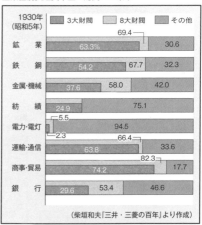

（柴垣和夫『三井・三菱の百年』より作成）

② 田中義一内閣（立憲政友会）

内政　❶ モラトリアム（支払猶予令）の発令
　　➡ 日本銀行から巨額の融資をおこない恐慌をしずめる
❷ 普通選挙法による初の総選挙（1928.2）
　　➡ 与党の立憲政友会が第一党になるが、過半数には届かず
　　　無産政党の各派から8名当選
　　　＊労働農民党の背後で非合法の日本共産党が活動
　　➡ 日本共産党員を一斉検挙（1928.3.15）
　　　治安維持法を改正して最高刑を死刑とする（1928.6）

資　料
治安維持法（1925） 第1条　（天皇制の）国家体制を変え改め、または、私有財産制度を否定するという目的のために、政治結社を組織し、または、そのような目的の結社だという事情を知っていながら加入した者は、10年以下の期限で、懲役か禁錮とする。（『官報』）

資　料
改正治安維持法（1928） 第1条　（天皇制の）国家体制を変え改めることを目的として政治結社を組織した者、または結社の役員や指導者としての任務をおこなった（担当した）者は、**死刑または無期もしくは5年以上の懲役、または刑務所に拘禁する**こととする。それらの事情を知っていて結社に加入した者、または結社の目的を実現するための行動をおこなった者は、2年以上の有期刑として、懲役か刑務所に拘禁する処分にする。共産主義をめざすことを目的として政治結社を組織した者、結社に加入した者または結社の目的を実現しようとする行動をおこなった者は、10年以下の懲役か刑務所に拘禁する。計画したが実行に移さない未遂罪もこれを処罰する。（『官報』）

外交　❶ 協調外交の継続 ➡ 不戦条約（1928）に参加
❷ 山東出兵　北伐軍から山東省済南の居留民を保護する名目で3度の出兵
　　➡ 第2次山東出兵で北伐軍と衝突（話し合いで解決）
　　＊関東軍は田中内閣の外交を軟弱とみて満洲の軍事指導者張作霖を暗殺
　　➡ 田中首相は関係者の厳重処分を昭和天皇に約束したが、
　　　閣僚の反対で非公表
　　➡ 昭和天皇の強い不満により首相が引責辞任

③ 浜口雄幸内閣（立憲民政党）

内政　経済再建のため金本位制に復帰＝金解禁（1930.1）
　　➡ 世界恐慌の影響で輸出減少、失業者増大、農業経営も悪化　＊昭和恐慌

外交　幣原外交の復活
　　ロンドン海軍軍備制限条約（1930.4）
　　➡ 補助艦保有トン数の対英米比率が海軍の要求（7割）を下まわる
　　＊海軍内の一部勢力や右翼、立憲政友会の一部が批判（統帥権干犯問題の発生）
　　➡ 条約は批准されるが、浜口首相が右翼に狙撃され重傷
　　　若槻礼次郎が政権を引き継ぐ（1931.4）

2 満洲事変はどのように展開し、日本や国際社会にどのような影響を与えたのだろうか?

1 満洲事変と政党内閣の終焉

■満洲事変関係図

1931年の動向

❶ **三月事件**(3月)
陸軍青年将校たちがクーデタを計画

❷ 柳条湖事件(9月)
関東軍の石原莞爾らが
南満洲鉄道の線路爆破
➡ 関東軍が満洲全域を占領(満洲事変)
＊中国は国際連盟に提訴
＊アメリカは日本の行動の否認を表明

❸ **十月事件**(10月)
陸軍青年将校たちによる再びの
クーデタ計画

❹ 第2次若槻礼次郎内閣の退陣(12月)
➡ 犬養毅内閣(立憲政友会)の成立

1932年の動向

❶ 満洲国の建国(3月)
清の最後の皇帝溥儀を執政とする
➡ 「**五族協和**」を掲げるが、その実情は日本の傀儡国家
＊五族:満洲人・漢人・モンゴル人・朝鮮人・日本人

❷ 五・一五事件(5月)
海軍の青年将校たちが**犬養首相を暗殺**
➡ 海軍穏健派の**斎藤実**が首相に就任(政党を含む各界から大臣を集めて組閣)

❸ **日満議定書**の調印(9月) 満洲国を承認

2 国際連盟からの脱退

中国からの訴えにより、国際連盟は**リットン調査団**を満洲国・日本に派遣
➡ **満洲国**は現地住民の自主的な国家とは認められないとの報告書を作成

国際連盟総会で日本に対する勧告案をほぼ全会一致で採択(1933)

日本は国際連盟脱退を通告(1933)
＊日本全権:松岡洋右

③ 恐慌からの回復

世界恐慌からの脱出

高橋是清蔵相は政府の政策によって需要を創出

- ❶ **金輸出再禁止**による円安効果で輸出を促進
  - ➡ 関税の引き上げで工業原料の輸入をおさえる
- ❷ 朝鮮や満洲国における重化学工業の振興
- ❸ 軍備拡大、農村向けの公共事業を展開
- ➡ 鉱工業生産は恐慌前の水準を回復(1933)
- * **日本は世界恐慌からいち早く脱出**
- ➡ 高橋蔵相は軍備拡大に消極的になり、右翼や軍部と対立

農山漁村の復興

農山漁村経済更生運動を推進するが農村経済の停滞は続く

➡ 農村の人口過剰を解決するため**満洲国**への農業移民が奨励される

■昭和恐慌の諸経済指標

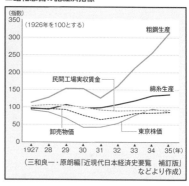

(三和良一・原朗編『近現代日本経済史要覧　補訂版』などより作成)

[日本の工業生産額の内訳]

1910～30年代にかけて繊維産業の割合は減少し、化学・鉄鋼・機械などの重化学工業の割合が増加している。産業構造が重化学工業中心に変化した。

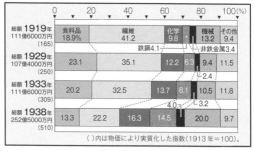

( )内は物価により実質化した指数(1913年=100)。

(篠原三代平『長期経済統計10　鉱工業』より作成)

日中戦争と国内外の動き

1 日本はどのようにして、中国との戦争に向かったのだろうか？

1 天皇機関説事件

```
天皇機関説          ←   批判   ←   貴族院で「天皇を軽んじている」として
(美濃部達吉)                        批判(1935)。立憲政友会や陸軍が同調
```

❶「**天皇は国家の最高機関である**」とする学説

❶ 大正時代から昭和初期まで**国家公認の学説**で、大正デモクラシーを支えていた

↓

```
国体明徴声明          天皇機関説を否定
(岡田啓介内閣)        ＊文部省は『国体の本義』を刊行(1937)
                     ＊国体(天皇中心の国家)への「随順」を説く
```

2 二・二六事件

```
皇道派            →   陸軍内の    ←   統制派
(天皇親政をめざす)     派閥対立       (総力戦体制をめざす)
```

↓

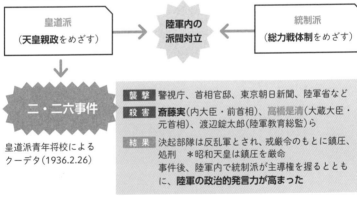

```
二・二六事件
```

皇道派青年将校による
クーデタ(1936.2.26)

襲撃	警視庁、首相官邸、東京朝日新聞、陸軍省など
殺害	**斎藤実**(内大臣・前首相)、**高橋是清**(大蔵大臣・元首相)、**渡辺錠太郎**(陸軍教育総監)ら
結果	決起部隊は反乱軍とされ、戒厳令のもとに鎮圧、処刑　＊昭和天皇は鎮圧を厳命 事件後、陸軍内で統制派が主導権を握るとともに、**陸軍の政治的発言力が高まった**

3 広田弘毅内閣

```
陸軍が閣僚人事に干渉、内閣は陸海軍の要求に応じて軍備拡大開始

政策 日独防共協定(1936.11)
    ➡ 日独伊三国防共協定(1937.11)  ＊共産主義に対抗
```

4 日中戦争 の勃発

塘沽停戦協定(1933) タンクー (満洲事変の停戦協定)	→	華北分離工作 (華北を中国政府から切り離す政策)

中国で抗日の動き強まる
(西安事件で国共が停戦)

中国共産党(毛沢東)◀▶ 国民政府(蔣介石)
＊張学良が西安で蔣介石を監禁(=**西安事件**)

盧溝橋事件

北京郊外で日中軍が衝突(1937.7.7)
➡ 本格的な戦争に発展(=日中戦争)

第2次国共合作 → 中国で、国民党と共産党との協力体制が成立
ソ連の支援で日本軍に対抗

5 第1次近衛文麿内閣

国民精神総動員運動を開始
戦時統制経済を開始
大本営を設置
国家総動員法公布(1938.4)

→ **戦時体制を強化**
国民精神総動員運動は、「**挙国一致**」「**堅忍
持久**」「**尽忠報国**」をスローガンとし、国民
の戦争協力体制を推進した

資料

国家総動員法(1938.4)

第1条　この法において国家総動員とは、戦時(戦争に準じる事変を含む)に際して国防
目的を達成するため、国の全力を最も有効に発揮できるように、人的および物的資源
を統制・運用することをいう。

第4条　政府は戦時に際し、国家総動員上必要があるときは、勅令の定めにより、帝国
臣民を徴用して総動員業務に従事させることができる。

6 戦局の展開

❶ 1937.12 日本軍が国民政府の首都**南京**を占領　＊日本軍の一部による**南京事件**おこる

❷ 国民政府は首都を武漢➡**重慶**へ移して抗戦（**重慶政府**）

　　＊ソ連、アメリカ、イギリスの援助

❸ 1938.1 近衛文麿首相が**「国民政府を対手（あいて）とせず」**と声明（第1次近衛声明）

　　＊和平が遠のき、戦争は長期化

❹ 1938.11 近衛首相が**東亜新秩序声明**を発表

　　＊新たな国際秩序建設を宣言

❺ 1940 南京で**汪兆銘政権**が成立

　　＊東亜新秩序声明に呼応した親日政権だったが、無力な存在

五摂家筆頭近衛家の当主で公爵。貴族院議長を経て首相となる（組閣3回）。組閣直後に日中戦争が勃発した。国家総動員法の制定（第1次）、日独伊三国同盟（第2次）、南部仏印進駐（第3次）などを実施。戦後、戦犯指名を受けて自殺した。

近衛文麿（1891〜1945）

---

2 日中戦争は国内外にどのような影響をおよぼしたのだろうか？

1 アメリカとの対立

アメリカが日米通商航海条約の廃棄を通告（1939.7）

＊**南京事件**などによる日本への批判の高まり

➡ アメリカは日本への**経済制裁**が可能に（1940 失効）

2 新体制運動 と 日独伊三国同盟

第2次近衛文麿**内閣**成立（1940）◀ 近衛を中心とする新体制運動を受けて成立

＊北部仏印進駐：援蔣ルートの遮断と資源の確保が目的

＊日独伊三国同盟：3国のヨーロッパ・アジアにおける指導的地位を確認

⬇ アメリカとの対立が決定的に（アメリカは日本への**経済制裁**を開始）

3 戦時体制の構築

● **大政翼賛会**結成（1940.10）　**隣組**や**産業報国会**を統括

● 小学校を**国民学校**に改組（1941.4）　戦時体制を支える国家主義教育を強化

● **「皇民化」**政策の展開　植民地に対する同化政策、朝鮮での**創氏改名**など

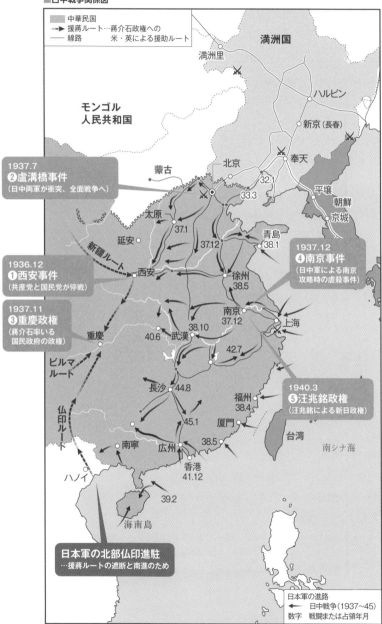

■日中戦争関係図

凡例
- 中華民国
- ➤ 援蔣ルート…蔣介石政権への
- ─── 線路　　　米・英による援助ルート

1937.7
❷盧溝橋事件
（日中両軍が衝突、全面戦争へ）

1936.12
❶西安事件
（共産党と国民党が停戦）

1937.11
❸重慶政権
（蔣介石率いる
国民政府の政権）

1937.12
❹南京事件
（日中軍による南京
攻略時の虐殺事件）

1940.3
❺汪兆銘政権
（汪兆銘による新日政権）

満洲国
満洲里
ハルビン
新京（長春）
奉天
平壌
朝鮮
京城
モンゴル
人民共和国
蒙古
北京
32.1
33.3
太原
37.1
延安
37.12
青島
38.1
新疆ルート
西安
徐州
38.5
南京
37.12
上海
重慶
武漢
38.10
40.6
42.7
ビルマ
ルート
長沙
44.8
福州
38.4
仏印ルート
45.1
厦門
南寧
広州
38.5
台湾
ハノイ
香港
41.12
39.2
海南島
南シナ海

日本軍の北部仏印進駐
…援蔣ルートの遮断と南進のため

日本軍の進路
← 日中戦争（1937〜45）
数字　戦闘または占領年月

日中戦争と国内外の動き　♥　83

第二次世界大戦と太平洋戦争

1 第二次世界大戦はどのように展開したのだろうか？

1 開戦とドイツの攻勢

❶ ドイツがポーランドに侵攻

➡ 英・仏はドイツに宣戦布告（**第二次世界大戦**の開始）（1939.9）

➡ ドイツはユダヤ人を迫害、居住区（ゲットー）から強制収容所へ送る

❷ ドイツがノルウェーに侵攻

➡ イギリスへの脅威

➡ イギリスではチェンバレンから対独主戦派の**チャーチル**へ首相がかわる

ドイツの攻勢

西方でも進撃、フランスを降伏させる（1940.6）

➡ フランスは**ペタン**を首班とする
ヴィシー政権成立

⬄ フランスの軍人**ド＝ゴール**は
ロンドンに亡命政府樹立

ファシズム諸国の
占領地域では、
レジスタンスが展開

イタリア・ソ連の動向

イタリアは、英・仏に宣戦布告

ソ連は、**バルト3国**を併合
独ソ不可侵条約にもとづく

2 独ソ戦

❶ 1941.6 ドイツがソ連への侵攻を開始（独ソ戦の開始）

➡ イギリス・ソ連・アメリカの接近をうながす（英・ソは同盟を結ぶ）

❷ アメリカの参戦

1941.8　**フランクリン＝ローズヴェルト**（米）と**チャーチル**（英）が
大西洋上で会談（「**大西洋憲章**」）

1941.12　日本が米・英に宣戦布告すると、米も**第二次世界大戦**に参戦

2 第二次世界大戦に、日本とアメリカはどのように関与していったのだろうか？

1 日米交渉

┌─────────────────────────┐
│ 【日本】近衛文麿内閣 │
└─────────────────────────┘

日ソ中立条約（1941.4）

日米交渉開始、経済制裁解除求める

中国撤退は拒否、南部仏印進駐
（1941.7）

＊東南アジアの石油資源確保のため

↔

┌─────────────────────────────┐
│ 【アメリカ】ローズヴェルト大統領 │
└─────────────────────────────┘

ローズヴェルト3選（1940.12）

中国を支援、日本へ経済制裁

日本軍の中国撤退を要求

在米日本資産凍結、対日石油禁輸

2 東条英機内閣の成立と太平洋戦争の開戦

❶ 東条英機内閣

第3次近衛文麿内閣 ➡ 陸軍の説得に失敗して退陣（1941.10）

近衛内閣の陸軍大臣だった**東条英機**が組閣

御前会議で開戦が決定（1941.12.1）

❷ 太平洋戦争の勃発

日本軍による奇襲攻撃（**マレー半島上陸作戦、ハワイ真珠湾攻撃**）

➡ 対英米戦争の勃発

日本軍は開戦から半年で太平洋一帯の広大な領域を制圧

3 戦局の展開

❶ アメリカの攻勢

ミッドウェー海戦で日本は大敗、工業生産力で圧倒するアメリカが攻勢に転じる

サイパン島が陥落すると、東条内閣は戦局悪化の責任をとって総辞職（1944.7）

❷ 日本国内の状況

食料や生活必需品の配給制・切符制、金属の供出など

学生の学徒出陣、女性や学生の軍事動員、

特攻隊（特別攻撃隊）の編成、中国・朝鮮からの強制徴用など

各地の戦場で慰安所が設置され、占領地の女性が集められた

❸ ファシズム諸国の敗北

半年におよぶ**スターリングラードの戦い**(1942～43)でソ連軍がドイツ軍に勝利
＊**スターリン**は**コミンテルン**を解散し、英・米との協力体制を構築

イタリア	連合国に降伏(1943.9) ＊**ムッソリーニ**はのちに捕えられ、処刑される
パリ解放	連合国軍が**ノルマンディー上陸**、ド＝ゴールが政権を握る(1944.8)
ドイツ	ソ連軍がベルリンへ進軍、ヒトラー自殺、ドイツ降伏(1945.5)

■太平洋戦争

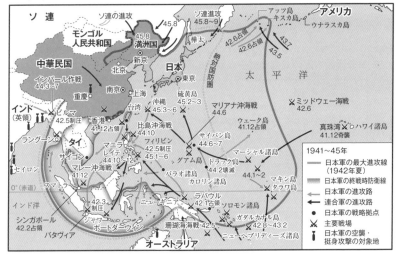

3 戦後構想はどのように形成され、戦争はどのように終わったのだろうか？

❶ 連合国側の会議 協力体制の具体化と戦後秩序の構想

❶ 1941.8 大西洋上会談

ローズヴェルト(米)、チャーチル(英)
ファシズム打倒、後後の平和構想(「大西洋憲章」)

❷ 1943.11 カイロ会談

ローズヴェルト(米)、**チャーチル**(英)、**蔣介石**(中)
対日領土問題、朝鮮の独立、日本の無条件降伏(**カイロ宣言**)

❸ 1943.11～12 テヘラン会談

ローズヴェルト(米)、**チャーチル**(英)、**スターリン**(ソ)
対独戦争の方針(**北フランス〈ノルマンディー〉上陸作戦**)

❹ 1945.2 ヤルタ会談

ローズヴェルト（米）、**チャーチル**（英）、**スターリン**（ソ）
国際連合設立問題、ソ連の対日参戦・南樺太と千島領有（**ヤルタ協定**）

❺ 1945.7〜8 **ポツダム会談**

トルーマン（米）、**チャーチル** ➡ **アトリー**（英）、**スターリン**（ソ）
ヨーロッパの戦後処理、日本への無条件降伏勧告（**ポツダム宣言**）

2 日本の敗北 第二次世界大戦の終結

❶ 日本への攻撃

アメリカ軍、日本本土への空襲を開始
＊東京大空襲（1945.3）では10万人以上が死亡

アメリカ軍、沖縄へ上陸（＝沖縄戦）（1945.3〜）➡ 住民含む10万人以上が死傷

❷ **ポツダム宣言**の発表

トルーマン（米）、チャーチル（英）、蔣介石（中）が参加
日本軍の即時無条件降伏、連合国の占領方針

❸ **原子爆弾（原爆）**の投下（1945）

広島 約14万人が犠牲（8.6）／**長崎** 約7万人が犠牲（8.9）

❹ **終戦**

御前会議における「聖断」のかたちでポツダム宣言受諾を決定、連合国へ通告（1945.8.14）

➡ 昭和天皇による終戦の詔書のラジオ放送（「玉音放送」）（8.15）
↔ 南樺太・満洲などで侵攻が続き、犠牲者が出る

降伏文書調印により、**戦争終結**（9.2）

＊日本軍死者約230万人、一般国民約80万人、交戦国の軍隊やアジア戦域住民の死者は約1900万人以上と推計

3 第二次世界大戦の結果

❶ **アメリカとソ連**の台頭

第二次世界大戦を経て、ヨーロッパの地位は低下
↔ アメリカが戦後世界のリーダーに

ドイツ打倒の中心的役割を果たしたソ連も影響力拡大

❷ 第二次世界大戦後の世界

第二次世界大戦：民主主義を掲げる連合国 vs それを否定する枢軸国
民主主義陣営が勝利 ＊ソ連も民主主義を否定せず

❸ **植民地支配体制**のゆらぎ

アジア・アフリカ現地の人々に独立に向けての展望を切りひらいた

新たな国際秩序と冷戦の始まり

1 2度の世界大戦を経て形づくられた国際秩序は、どのようなものであったのだろうか？

1 国際連合の発足

❶ 成立過程

1941 **大西洋上会談** ➡ 大西洋憲章 ➡ 国際平和機構の再建を提起

＊米大統領フランクリン＝ローズヴェルト・英首相チャーチル

1942 **連合国共同宣言**で、ソ連を含む26カ国が承認

1944 **ダンバートン＝オークス会議**（米英ソ中）➡ 国際連合憲章草案作成

1942.4〜6 **サンフランシスコ会議** ➡ **国際連合憲章**採択（50カ国が参加）

　　10 国際連合**発足**

❷ 特徴 　国際連盟の反省から、意思決定に実行力をもたせる制度づくりをめざす

本　部	アメリカのニューヨークにおかれる
主要機関	総会、安全保障理事会、事務局、経済社会理事会、国際司法裁判所（オランダのハーグに設置）、信託統治理事会
表決手続	総会は加盟各国1票の**多数決制** **安全保障理事会**は常任理事国（米英仏ソ中）が拒否権をもつ 　1971　中国の代表権が中華民国 ➡ 中華人民共和国へ 　1992　ソ連の代表権がソ連 ➡ ロシア連邦へ 　＊安全保障理事会は、拒否権が行使されると議決できない
制裁措置	紛争解決のため、経済制裁に加え、軍事的制裁を容認
専門機関との連携	国連教育科学文化機関（UNESCO）、国際労働機関（ILO）、国際復興開発銀行（IBRD）、国際通貨基金（IMF）、**世界保健機関（WHO**、本部はスイスのジュネーヴ）

❸ 国際連盟との違い

大国の**拒否権**、軍事的**制裁権**、
総会での多数決制など

■国際連合の組織

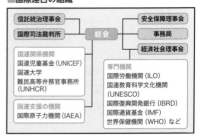

88

2 ブレトン=ウッズ体制の成立

❶ 大戦の反省　排他的ブロック経済により世界経済が分断されたことを重視

❷ 金ドル本位制の導入
　　ドルと金の交換比率を固定し、ドルとほかの通貨の交換比率を定める
　　＝アメリカの圧倒的な経済力で世界経済の安定と一体性を守る

❸ 国際通貨基金(IMF)・国際復興開発銀行(IBRD)の設立
　　国際通貨基金　加盟国の貿易赤字に際し、資金供与をおこない為替を安定させる
　　国際復興開発銀行　戦後復興と開発途上国への融資をおこなう

❹ 関税及び貿易に関する一般協定(GATT)
　　国際的な自由貿易の維持・拡大を目的に、
　　関税引下げなどで合意

■**金ドル本位制**

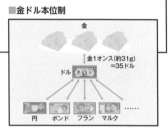

---

2 米ソ対立はどのようなかたちで表面化し、拡大していったのだろうか？

1 米ソ対立の背景　第二次世界大戦後、ソ連(社会主義)の影響力が増大

❶ 第二次世界大戦後の**東欧**の状況

ソ連は、ナチス＝ドイツの支配から東欧諸国を解放
➡ ハンガリー・ルーマニア・ブルガリア・ポーランドに共産党を中核とする連立政権をつくる
　　＊**ユーゴスラヴィア**は、ティトーの組織した対独パルチザンにより自力解放
➡ 東欧の多くの地域は、戦後ソ連の実質的支配下におかれる
　　＊当初は比較的自由な選挙 ➡ 各国共産党がほかの労働者政党を吸収合併

❷ 第二次世界大戦後の**西欧**の状況

イギリス　1945　アトリー率いる労働党がチャーチル率いる保守党に勝利
フランス　1946　フランス共産党が第一党になる
イタリア　1946　イタリア共産党が伸張し、連立内閣に参画

❸ 資本主義諸国の警戒感の高まり

1946　英前首相チャーチルによる**「鉄のカーテン」**演説

2 米ソ対立

❶ 開始　アメリカによる対ソ「**封じ込め**」政策

1947.3 トルーマン = ドクトリン

　　英にかわり共産主義化阻止のためのギリシア・トルコへの援助を表明

1947.6 マーシャル = プラン（ヨーロッパ経済復興援助計画）

　　➡ 西欧諸国は米の援助を受け入れたが、ソ連・東欧は拒否
　　　＊東欧諸国のなかでもチェコスロヴァキアは受入れを表明

❷ 経過　米の「封じ込め」政策にソ連が対抗

1947.10 コミンフォルム（共産党情報局）設立

　　➡ 東欧諸国にマーシャル = プラン受入れ拒否を求める

1948.2 **チェコスロヴァキア = クーデタ**

　　➡ 大統領ベネシュにマーシャル = プラン受入れを撤回させ、辞任に追い込む
　　➡ 非共産党派閣僚が追放され、一党独裁体制が確立

➡ 東欧諸国で、人民民主主義が導入される
　＝形式上は複数政党制を残すが、ソ連と同様の共産主義政党が独裁体制を確立
　＊ティトー率いる**ユーゴスラヴィア**は、ソ連の圧力を批判
　　➡ コミンフォルムから除名され、以後**独自の社会主義路線**をとる

3 ドイツの状況　東西両陣営の境界線上にあり、争点となる

❶ 対ドイツ戦後処理

●ナチス = ドイツの戦争責任の追及
　1945.11〜46.10　ニュルンベルク国際軍事裁判

●分割占領による分断
　・ドイツの分割占領　　東側　ソ連
　　　　　　　　　　　　西側　アメリカ・イギリス・フランス

　・ベルリンの分割占領　東側　ソ連
　　　　　　　　　　　　西側　アメリカ・イギリス・フランス

➡ 東側占領地区で土地改革、西側占領地区で通貨改革を実施
➡ アメリカ・イギリスが西側占領地区に独自政権を立てる動きをみせると、
　ソ連はこれを阻止するためにベルリン封鎖を実施（1948.6〜1949.5）
➡ アメリカ・イギリスは、西ベルリンへの空輸作戦で対抗

■第二次世界大戦後のヨーロッパ

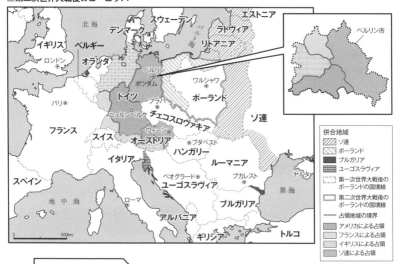

❷ 分断の固定化

1949.1 経済相互援助会議(COMECON)創設

= マーシャル゠プラン・ブレトン゠ウッズ体制に対抗するため、
ソ連・東欧諸国が設立した経済協力機構

1949.5 ベルリン封鎖**解除**

1949.5 アメリカ・イギリス・フランス占領地区にドイツ連邦共和国(西ドイツ)が樹立される

1949.10 ソ連占領地区にドイツ民主共和国(東ドイツ)が樹立される

◢4 「冷戦」とは、どのような対立であったのだろうか

❶ 対立構造　資本主義陣営(**西側陣営**)と社会主義陣営(**東側陣営**)の対立

❷ 特徴

● 主要な対立関係はアメリカ対ソ連だが、両国の直接の軍事衝突には至らない

● 単なる勢力圏争いではない
資本主義と社会主義のどちらが人類社会をより幸福にするかという世界観の対立

❸ 背景　第二次世界大戦において、ヨーロッパ諸国が弱体化
➡ 米ソが二大主要国に

アジア諸地域の独立

1 第二次世界大戦後、東アジアはどのような 変化をとげたのだろうか？

1 中華人民共和国の成立

●**戦後の状況** 中華民国は戦勝国となるが、国土は荒廃、人々の生活は困窮

●**国共対立**の表面化 戦争末期にはしばしば衝突、戦争終結後は対立が表面化
　　　　　　　　＊共産党は国民政府の腐敗や強権的政治を批判

国共内戦の経過

1946　全面的国共内戦へ

　当初は合衆国の援助を受けた国民党が優勢
　➡ 共産党は土地改革で農民の支持を集め支配領域を拡大

1949.10　中華人民共和国の建国宣言

　＊国家主席は毛沢東、首相は周恩来、首都は北京

1949.12　蔣介石率いる国民政府は、台湾に逃れて
　　　　　中華民国政府を維持

●**中華人民共和国の立場**

成立当初 非共産党勢力を含む政府は新民主主義による改革を主張

1950 中ソ友好同盟相互援助条約により社会主義陣営に属す姿勢を示す
　　　ソ連の援助のもと、第1次五カ年計画(1953〜)
　　　➡ **社会主義計画経済**の建設を進める
　　　➡ 合衆国をはじめイギリスを除く西側諸国は**中華人民共和国**を承認せず
　　　＊国際連合における中国の代表権は1971年まで台湾の**中華民国政府**が保持

---

2 朝鮮戦争

❶ 南北の分断

1943　カイロ会談　　日本の降伏後の朝鮮独立を決定

1945　第二次世界大戦後、北緯38度線を境に南部をアメリカ、北部をソ連が分割占領
　　➡ 南北分断が決定的に

1948　南部に李承晩を大統領とする大韓民国(韓国)
　　　北部に金日成を首相とする朝鮮民主主義人民共和国(北朝鮮)が成立

1950　経済・軍事面で優位な北朝鮮が朝鮮統一をめざし南部に侵攻

➡ 朝鮮半島南端の釜山にせまる
➡ **国連**の**安全保障理事会**は北朝鮮の行為を侵略と非難
　　➡ 国連軍(米軍中心)を派遣し、北朝鮮を中国国境までおし返す
➡ 中華人民共和国が人民義勇軍を派遣し米軍と戦闘
➡ **北緯38度線**付近で戦線が膠着

■朝鮮戦争の推移

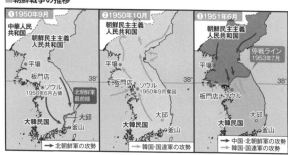

1953　板門店で**朝鮮休戦協定**成立 ➡ 休戦後も緊張状態が続き南北分断は固定化

2 第二次世界大戦後、東南アジア・南アジアは どのような変化をとげたのだろうか？

1 東南アジアの独立①

❶ 独立運動の高まり　第二次世界大戦中、日本軍が占領
　　➡ 戦後、民族運動や抗日運動を基礎に独立に向かうが、
　　　　旧宗主国が認めず、戦争を経て独立を達成する地域も

❷ フィリピンとインドネシア

●**フィリピン**　戦後、アメリカの再占領を受けるが、その後独立(1946)
●**インドネシア**　独立宣言をおこなうスカルノが大統領に(1945.8.17)
　　➡ オランダが認めず独立戦争へ
　　国際世論の批判を受け、オランダが独立を承認(1949)

❸ ビルマとマレー半島

●**ビルマ**　**アウン゠サン**の指導でイギリスから独立(1948)
　　➡ 社会主義を志向する政策をとる
●**マレー半島**　イギリスが正式に独立させる(1957) ➡ マラヤ連邦となる

2 **東南アジアの独立②**　フランス領インドシナ連邦でも独立運動が展開

■インドシナ戦争

❶ ベトナムの分断

1945.9.2 ベトナム民主共和国の成立

日本占領下で**ベトナム独立同盟会（ベトミン）**を組織した**ホー＝チ＝ミン**がハノイで独立を宣言し、大統領に就任

1946 旧宗主国フランスとの戦争（インドシナ戦争）が勃発

1949 仏は阮朝最後の皇帝バオダイを元首としてベトナム国を樹立

1954 仏軍がディエンビエンフーの戦いで敗北

➡ ジュネーヴ休戦協定で仏軍は撤退
北緯17度線を南北軍事暫定境界線とし、南北統一選挙を約束

➡ アメリカはジュネーヴ休戦協定への調印を拒否

➡ 東南アジア条約機構（SEATO）を結成し、共産主義勢力拡大に対抗

1955 米に支援されたゴ＝ディン＝ジエムがバオダイを追放し、南部にベトナム共和国を建国

❷ カンボジアとラオス

●**カンボジア**　独立宣言（1953）➡ 国王**シハヌーク**は中立政策を進める

●**ラオス**　独立宣言（1953）➡ 政治的対立から内戦が始まる

3 **南アジアの独立**

❶ インドとパキスタン

パキスタンの分離・独立を求める**全インド＝ムスリム連盟**の**ジンナー**と、統一インドを主張する**ガンディー**が、独立をめぐり対立

1947 インド独立法

インド連邦　**ヒンドゥー教徒**が多数派、初代首相は**ネルー**
パキスタン　**ムスリム**が多数、国土が東西にわかれる、**ジンナー**が総督
➡ 多数の難民

1948 ガンディー暗殺　ムスリムとの融和を訴え、急進的ヒンドゥー教徒に暗殺される

1950 インドはカーストなどの差別禁止を含む憲法を制定

➡ インド共和国となる

> **❷ セイロン**

1948 **イギリス連邦**内の自治領として独立

➡ 非同盟中立政策を採用

*ヒンドゥー教徒の**タミル人**が抑圧され、仏教徒の**シンハラ人**が優遇される

1972 仏教を準国教とする憲法を制定し、国名を**スリランカ**として完全独立

3 第二次世界大戦後、西アジアはどのような変化をとげたのだろうか?

1 イラン民族運動の挫折

❶ 第二次世界大戦時の状況

大戦中は中立を宣言

➡ 独ソ戦開始(1941)で英・米がソ連への軍事援助をおこなう際の重要ルートに

*南北から英・ソの軍が進駐し、親独の国王**レザー゠シャー**は退位

❷ 戦後 **アングロ゠イラニアン石油会社**(イギリス系)が石油産業を支配

➡ 製油所の労働者らの抗議活動をきっかけに石油国有化運動が高まる

1951 **石油国有化** モサッデグ首相が、国内の多様な勢力の支持を受け実現

➡ 国際石油資本がイラン産石油をボイコット

1953 国王**パフレヴィー2世**が英・米の支持でクーデタ ➡ モサッデグは失脚

➡ 石油国有化を軸とする民族運動は挫折

国王は国際石油資本と利益を共有し、権力を強化、親米路線をとる

2 イスラエルの独立とパレスチナ戦争

**■中東戦争による
イスラエルの領土の拡大**

❶ イスラエルの独立

●第二次世界大戦後のパレスチナ

イギリスの委任統治下でアラブ人とユダヤ人の対立が激化

*多数のユダヤ人が、ホロコーストのおこなわれたヨーロッパからの移住求める

➡ イギリスは問題を国連に付託

●国連によるパレスチナ分割案(1947)

●イスラエルの建国

1948 イギリスがパレスチナから撤退

シオニストが**イスラエル建国**を宣言

➡ 建国を認めないアラブ諸国とのあいだで

戦争が勃発

＝**パレスチナ戦争**(1948～49、第1次中東戦争)

1949 イスラエルが勝利し、国連の調停で独立を確保

*多数のアラブ人が**難民**に

➡ パレスチナ解放をめざすアラブ諸国とイスラエルの戦争が繰り返される

レバノン
ベイルート●
ダマスクス●
地中海
ハイファ●
テルアヴィヴ●
イェルサレム●
ガザ
シリア
ヨルダン川
死海
アンマン
スエズ運河
エジプト
ヨルダン
シナイ半島
●アカバ
サウジ
アラビア
紅海

国連パレスチナ分割案
■ ユダヤ人居住地
■ パレスチナのアラブ人居住地
■ イェルサレム国際管理地区
‥‥‥ パレスチナ戦争での停戦ライン
▨ パレスチナ戦争後のイスラエル

占領下の日本と民主化

1 日本に対する占領統治にはどのような特徴があったのだろうか？

① 占領統治の始まり

極東委員会

日本占領の最高決定機関としてワシントンに設置
米・英・仏・ソ・中ほか11カ国で構成（議長は米国）

アメリカ合衆国政府

連合国軍最高司令官総司令部
（GHQ／SCAP）

対日理事会

日本占領のために東京に設置
アメリカの**マッカーサー**が最高司令官

GHQへの諮問機関として東京に設置
米・英・ソ・中の代表（議長は米国）

日本政府　　＊GHQの権限が強く、実質的
　　　　　　　にアメリカの単独占領だった

❶ **占領統治**の形態
日本政府を介した間接統治
⬅➡ 沖縄や小笠原諸島・奄美群島などは
　　アメリカ軍が直接統治下におく

❷ 復員と引揚げ
戦地や外地の軍人約367万人の復員、民間人
350万人の引揚げ（多くは1946年末までに帰国）

旧満洲や朝鮮の民間人20万人弱が現地で死亡、
約60万人が**シベリア抑留**（7万人が死亡）

■日本の占領統治

日本

太平洋

奄美諸島　南　小笠原諸島
沖縄　西
　　　諸
　　　島

☐ 連合国（GHQによる間接統治）
┊┊ アメリカ（アメリカ軍による直接統治）
■ ソ連（ソ連による事実上の統治）

② 初期の占領政策

❶ **人権指令**（1945.10）
治安維持法・特高の廃止、政治犯の釈放、天皇に関する自由な議論の奨励
➡ **東久邇宮稔彦**内閣総辞職、幣原喜重郎内閣成立
➡ 昭和天皇は詔書で天皇の神格を否定（＝「人間宣言」、1946.1）

❷ **五大改革指令**
女性参政権、労働組合奨励、教育制度の自由主義的改革、秘密警察廃止、
経済機構の民主化

❸ 農地改革　自作農創設特別措置法(1946)

不在地主の全農地、在村地主1町歩(北海道は4町歩)をこえる農地を政府が買収、安価で小作農に売り渡す

＊ GHQ の認識

寄生地主

➡ 大量の小作農を生む

➡ 侵略戦争の温床

■農地改革表

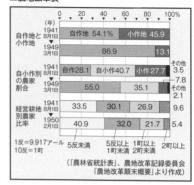

		5反未満	5反以上 1町未満	1町以上 2町未満	2町以上
自作地と 小作地	1941 8月1日	自作地 54.1%		小作地 45.9	
	1949 3月1日	86.9		13.1	
自小作別 の農家 割合	1941 8月1日	自作28.1　自小作40.7	小作 27.7		その他 3.5
	1949 3月1日	55.0	35.1		7.8 その他 2.1
経営耕地 別農家 比率	1941 8月1日	33.5	30.1	26.9	9.6
	1950 2月1日	40.9	32.0	21.7	5.4

1反＝9.917アール
10反＝1町

(『農林省統計表』、農地改革記録委員会『農地改革顛末概要』より作成)

❹ 公職追放　戦争に協力したとみなされる人々が指導的地位から追放(該当者約21万人)

❺ 東京裁判

連合国による極東国際軍事裁判が東京で開廷(＝東京裁判、1946.5〜)

➡ A級戦犯28人が起訴、7人が死刑

＊アジア各地のB・C級裁判で5700人が起訴、4403人が有罪、984人が死刑

2　日本国憲法はどのようにして制定されたのだろうか？

政党政治の復活

日本社会党・日本自由党・日本進歩党など結成、日本共産党の合法化
女性参政権の実現(1945.11) ➡ 総選挙で女性議員39人当選(1946.4)
日本自由党を与党とする第1次吉田茂内閣が成立　政党政治の復活

↓

憲法制定

幣原内閣、憲法改正要綱をGHQに提出

➡ GHQ が改正案を提示

➡ 日本政府、議会による修正

➡ **公布**(1946.11.3)、
　施行(1947.5.3)

諸法令の制定、改正

❶ 地方自治法　都道府県知事の公選制

❷ 刑法改正　大逆罪・不敬罪が廃止

❸ 民法改正　男女不平等の是正

日本国憲法

〔前文〕　日本国民は、正当に選挙された国会における代表者を通じて行動し、われらとわれらの子孫のために、諸国民との協和による成果と、わが国全土にわたつて自由のもたらす恵沢を確保し、政府の行為によつて再び戦争の惨禍が起ることのないやうにすることを決意し、ここに主権が国民に存することを宣言し、この憲法を確定する。……

第1条　天皇は、日本国の象徴であり日本国民統合の象徴であつて、この地位は、主権の存する日本国民の総意に基く。

第9条　日本国民は、正義と秩序を基調とする国際平和を誠実に希求し、国権の発動たる戦争と、武力による威嚇又は武力の行使は、国際紛争を解決する手段としては、永久にこれを放棄する。

②　前項の目的を達するため、陸海空軍その他の戦力は、これを保持しない。国の交戦権は、これを認めない。

第11条　国民は、すべての基本的人権の享有を妨げられない。この憲法が国民に保障する基本的人権は、侵すことのできない永久の権利として、現在及び将来の国民に与へられる。

第25条　すべて国民は、健康で文化的な最低限度の生活を営む権利を有する。

②　国は、すべての生活部面について、社会福祉、社会保障及び公衆衛生の向上及び増進に努めなければならない。

第28条　勤労者の団結する権利及び団体交渉その他の団体行動をする権利は、これを保障する。

■大日本帝国憲法と日本国憲法の比較

大日本帝国憲法		日本国憲法
天皇主権	主権	国民主権
神聖不可侵、元首、統治権の総攬者	天皇	象徴、政治上の実権がない
天皇に統帥権、兵役の義務	戦争・軍隊	永久平和主義（戦争の放棄、戦力の不保持、交戦権の否認）
「臣民」としての権利、法律により制限可能	国民の権利	基本的人権は永久不可侵の権利
天皇の協賛機関	議会	国権の最高機関、唯一の立法機関
規定なし、国務大臣が天皇の輔弼機関	内閣	行政権の行使
天皇の名による裁判	裁判所	司法権の独立を保障、違憲立法審査権
規定なし	地方自治	地方自治を尊重
天皇の発議→帝国議会の決議	憲法改正	国会の発議→国民投票

3　五大改革指令は、どのように実現したのだろうか？

女性参政権	日本国憲法に先がけて実現（1945.11）
労働組合	**奨励・公認** 労働三法 ＝**労働組合法**（1945）・**労働関係調整法**（1946）・**労働基準法**（1947） **規制** ◀── 労働争議の頻発、社会主義革命への懸念 ゼネラル＝ストライキの計画 ➡ GHQ の命令で中止（1947.2） 公務員の争議権が否定（1948）

教育制度改革	教育基本法・学校教育法(1947)
	アメリカ教育施設団の派遣、勧告にもとづく教育の民主化(国定教科書の廃止、社会科の新設、生徒会やホームルームの導入など)
	小・中・高・大の **6・3・3・4制** に改める
	教育行政の民主化
	➡ 公選制の **教育委員会** 制度、PTA の導入
秘密警察廃止	治安維持法、国家総動員法の廃止、軍隊の解散
経済機構民主化	財閥解体

経済機構民主化の内容:

財閥解体
持株会社として83社が指定 ➡ 解体は28社

過度経済力集中排除法
独占企業として325社が指定 ➡ 分割は11社

独占禁止法
持株会社やカルテル・トラストの結成禁止
＊財閥の再形成を防ぐため

＊占領政策の転換
（経済復興優先）

- ●地方自治法：都道府県知事の公選制
- ●刑法改正：大逆罪、不敬罪の廃止
- ●民法改正：男女の不平等の是正

4 終戦直後の国民生活は、どのような状況だったのだろうか？

❶ 都市部での食料・物資不足　**空襲**による行政機関・交通機関の機能低下
❷ 急激なインフレ　政府による軍需工場への未払金一括支払
❸ 農村への買出し、都市の闇市
　「食糧メーデー」（1946.5）➡ 政府は GHQ に食糧支援を求める
❹ 政府の対応
　金融緊急措置令(1946. 2)　預金封鎖、新円切替えを通して通貨量を抑えた
　傾斜生産方式　鉄鋼・石炭など産業復興に必要な分野に資金と資材を
　　　　　　　　優先的に配分
　➡ 生産力は回復に転じたが、インフレ抑制には至らず
　　＊大量の復員公務員への給与支払い、産業復興のための政府補助金増加

占領政策の転換と日本の独立

1 東西冷戦は、占領政策にどのような影響をおよぼしたのだろうか？

1 中道政権の成立

❶ 片山哲内閣

新憲法施行にともなう選挙（1947.4）➡ 日本社会党が第一党となる
中道連立政権（日本社会党・民主党・国民協同党）として、片山哲内閣が成立（1947）

❷ 芦田均内閣

片山内閣総辞職のあと、同じ3党連立で芦田均内閣が成立（1948）
昭和電工事件をきっかけに総辞職

❸ 第2次吉田茂内閣

民主自由党を与党とする第2次吉田茂内閣が成立（1948）
以後、吉田茂による長期政権（〜54）

2 占領政策の転換

❶ 東西対立の深刻化
中国で共産党が優勢、ドイツや朝鮮半島は分断、東欧諸国の社会主義化など
➡ アメリカは、日本を資本主義陣営の防波堤とするため、
占領政策を民主化優先から経済復興優先に転換

❷ 経済政策
アメリカの銀行家**ドッジ**による勧告
➡ **超均衡予算、1ドル360円の単一為替レート**の設定
➡ 日本は国際経済に復帰（1949、**ドッジ＝ライン**）

❸ レッド＝パージ
労使対立が激しかった国鉄をめぐる怪事件
（1949、下山事件、三鷹事件、松川事件）
GHQによる共産主義者の公職追放（1950、**レッド＝パージ**）

❹ 朝鮮戦争の影響
朝鮮戦争の勃発にともない、警察予備隊が創設（1950.8）
アメリカ軍への軍需品調達により、日本経済は活気づく（特需景気）

2 日本の独立は、どのように実現したのだろうか？

❶ 講和への検討

吉田茂首相の提案（1950.4）➡ **トルーマン**大統領による検討開始（.9）

ダレス特使の来日（1951.1）➡ 日本の再軍備を求めるも、吉田首相は拒否

❷ 講和をめぐる国内対立

保守派の政党（自由党など）➡ 西側諸国のみとの講和を認める（単独講和論）

日本共産党、学者の多く

　➡ 東側諸国を含むすべての国との講和を主張（全面講和論）

日本社会党分裂 ➡ 左派（**全面講和**）と右派（**単独講和**）

❸ サンフランシスコ講和会議

アメリカのサンフランシスコで講和会議開催　日本全権は**吉田茂**（1951.9）
＊中国はまねかれず、インドなどは条約案に不満で参加せず

➡ サンフランシスコ平和条約の締結

日本領土の規定（朝鮮独立、台湾・南樺太・千島列島などの放棄）、
アメリカへの小笠原諸島と沖縄の信託統治承認、賠償請求権の放棄、
日本への外国軍隊の駐留承認

48カ国が調印（ソ連など3カ国は内容に不満で調印せず）

資　料

サンフランシスコ平和条約

第1条 （a）日本国と各連合国との間の戦争状態は、第二十三条の定めるところによりこの
条約が日本国と当該連合国との間に効力を生ずる日に終了する。
（b）連合国は、日本国及びその領水に対する日本国民の完全な主権を承認する。

第2条 （a）日本国は、朝鮮の独立を承認して、済州島、巨文島及び鬱陵島を含む朝鮮に対
するすべての権利、権原及び請求権を放棄する。
（b）日本国は、台湾及び澎湖島に対するすべての権利、権原及び請求権を放棄する。
（c）日本国は、千島列島並びに日本国が千九百五年九月五日のポーツマス条約の結果とし
て主権を獲得した樺太の一部及びこれに近接する諸島に対するすべての権利、権原及び
請求権を放棄する。

第3条 日本国は、北緯二十九度以南の南西諸島（琉球諸島……を含む。）、孀婦岩の南の南方
諸島（小笠原群島……を含む。）並びに沖の鳥島及び南鳥島を合衆国を唯一の施政権者とする
信託統治制度の下におくこととする国際連合に対する合衆国のいかなる提案にも同意する。
……

第6条 （a）連合国のすべての占領軍は、この条約の効力発生の後なるべくすみやかに……
日本国から撤退しなければならない。但し、この規定は……協定に基く……外国軍隊の日
本国の領域における駐とん又は駐留を妨げるものではない。　　　　　（『日本外交文書』）

■アジア諸国への賠償

支払いの区分	国	国交回復年	供与期間	金額（億円）
賠償	フィリピン	1956	1956.7～76.7	1902
	(南)ベトナム	1959	1960.1～65.1	140.4
	インドネシア	1958	1958.4～70.4	803.1
	ビルマ(ミャンマー)	1965	1955.4～65.4	720
	合計			3565.5
経済技術協力協定等無償援助	ラオス	1958	1959.1～65.1	10
	カンボジア	1959	1959.7～66.7	15
	タイ	1962	1962.5～69.5	96
	ビルマ(ミャンマー)	1965	1965.4～77.4	473.4
	韓国	1965	1965.12～75.12	1020.9
	マレーシア	1967	1968.5～72.5	29.4
	シンガポール	1967	1968.5～72.3	29.4
	ミクロネシア	1969	1972.5～76.10	18
	合計			1692.1
総合計				5257.6

賠償請求を放棄した国
アメリカ・イギリス・インド・オーストラリア・オランダ・ソ連・中華人民共和国・中華民国(台湾)

※赤字はサンフランシスコ平和条約により、日本が賠償義務をもつ国

(外務省資料による)

❹ 日米安保条約

サンフランシスコ平和条約の調印と同じ日に、日米安全保障条約が締結

アメリカの軍隊を日本に駐留させ、極東の安全保障のために使用

米軍駐留の細目は、日米行政協定で定める
➡ 日本は米軍の駐留費用を負担、駐留軍関係者の犯罪捜査や裁判はアメリカがおこなう
　＊アメリカに有利な内容

資料

日米安全保障条約

第1条　平和条約及びこの条約の効力発生と同時に、アメリカ合衆国の陸軍、空軍及び海軍を日本国内及びその附近に配備する権利を、日本国は、許与し、アメリカ合衆国は、これを受諾する。この軍隊は、極東における国際の平和と安全の維持に寄与し、並びに、一又は二以上の外部の国による教唆又は干渉によつて引き起こされた日本国における大規模の内乱及び騒じようを鎮圧するため日本国政府の明示の要請に応じて与えられる援助を含めて、外部からの武力攻撃に対する日本国の安全に寄与するために使用することができる。

第2条　第1条に掲げる権利が行使される間は、日本国は、アメリカ合衆国の事前の同意なくして、基地、基地における若しくは基地に関する権利、権力若しくは権能、駐兵若しくは演習の権利又は陸軍、空軍若しくは海軍の通過の権利を第三国に許与しない。

第3条　アメリカ合衆国の軍隊の日本国内及びその附近における配備を規律する条件は、両政府間の行政協定で決定する。　　　　　　　　　　　　　　　　　　　(『日本外交文書』)

❺ 日本の独立

平和条約、安保条約、行政協定が発効(1952.4)
➡ 日本は約7年ぶりに**独立を回復**

■日本の領土

ソ連
中華人民共和国
朝鮮民主主義人民共和国
大韓民国
カムチャツカ半島
樺太
占守島
千島列島
未解決
択捉島
国後島
色丹島
歯舞群島
竹島
対馬
済州島
伊豆諸島
八丈島
太平洋
奄美大島
嬬婦岩
尖閣諸島
奄美群島 1953
沖縄
北大東島
小笠原諸島 1968
琉球諸島 1972
硫黄諸島 1968
南鳥島 1968
硫黄島
台湾
沖大東島
沖ノ鳥島 1968
マリアナ諸島
太平洋戦争前の日本領
サンフランシスコ平和条約による日本の領域
その後の日本復帰地域
数字 日本への返還の年

[衆議院での平和条約・安保条約批准投票の結果(1951.10)]

2つの条約に対し、保守勢力(一部を除く)は両条約に賛成し、革新勢力では左派社会党と共産党が両条約に反対した。右派社会党は、平和条約には賛成したが安保条約には反対した。同党は、単独講和は早期独立のためやむを得ないが、安保条約には問題があるという立場をとった。

党派名	平和条約		安保条約	
	賛成	反対	賛成	反対
自由党	221	0	234	0
国民民主党	49	3	44	4
右派社会党	24	0	0	23
左派社会党	0	16	0	16
日本共産党	0	22	0	22
その他	13	6	11	6
計	307	47	289	71

3 占領期には、どのような文化がみられたのだろうか?

❶ 映画、音楽
アメリカ映画、ジャズ、「東京ブギウギ」などの流行歌

❷ 言論
多くの雑誌が発刊、戦争の悲惨さを伝える動き(『**きけわだつみの声**』など)

❸ 世界での活躍
湯川秀樹が日本人初の**ノーベル賞**受賞(1949、物理学賞)
水泳選手**古橋廣之進**がアメリカで世界新記録を樹立

集団防衛体制と核開発から平和共存へ

1 集団防衛体制はどのように構築されたのだろうか?

① 集団防衛体制が築かれた背景

> **概要** 米ソは直接武力衝突することはなかったが、たがいを「仮想上の敵」とみなし軍事強化した

② 資本主義陣営の動き

❶ **米州機構 (OAS)**:南北アメリカ大陸の諸国(1948発足)

❷ **北大西洋条約機構 (NATO)**:アメリカと西ヨーロッパ諸国(1949発足)

❸ **東南アジア条約機構 (SEATO)**:東南アジア諸国(1954発足、77解消)

❹ **バグダード条約機構(中東条約機構、METO)**:トルコ・イラク・イラン・パキスタン・イギリス(1955発足)

➡ イラクが脱退したあとに、**中央条約機構 (CENTO)** に改称(1959改称、79解消)

❺ **日米安全保障条約**(1951発足、60改定):日本も西側陣営に組み込まれる

❻ **太平洋安全保障条約 (ANZUS)**:アメリカ・オーストラリア・ニュージーランド、サンフランシスコ平和条約調印の前に締結される(1951発足)

❼ **米韓相互防衛条約**(1953発足)

❽ **米華相互防衛条約**(1954発足、79解消)

バグダード条約機構(1955年発足)
トルコ・イラク・イラン・パキスタン・イギリス

東南アジア条約機構(1954年発足)
アメリカ・イギリス・フランス・オーストラリア・ニュージーランド・タイ・フィリピン・パキスタン

太平洋安全保障条約(1951年発足)
アメリカ・オーストラリア・ニュージランド

1951年 日米安全保障条約
1953年 米韓相互防衛条約
1954年 米華相互防衛条約
1951年 米比相互防衛条約

資本主義国家
社会主義国家

日本
台湾
フィリピン
ソヴィエト連邦
中華人民共和国
ワルシャワ条約機構
東南アジア条約機構
太平洋安全保障条約
アメリカ合衆国
キューバ
北大西洋条約機構
バグダード条約機構
中央条約機構(CENTO、1959年発足)
米州機構

1962年 米州機構から脱退

0°(赤道)

ワルシャワ条約機構(1955年発足)
ソ連・ポーランド・チェコスロヴァキア・ハンガリー・ブルガリア・ルーマニア・ドイツ民主共和国・アルバニア

米州機構(1948年発足)
アメリカ・メキシコ・パナマ・グアテマラ・ホンジュラス・エルサルバドル・ニカラグア・コスタリカ・ハイチ・ボリビア・キューバ(1962年脱退)・ペルー・ブラジル・ドミニカ共和国・コロンビア・ベネズエラ・エクアドル・パラグアイ・チリ・アルゼンチン・ウルグアイ

北大西洋条約機構(1949年発足)
アメリカ・カナダ・イギリス・ノルウェー・アイスランド・デンマーク・オランダ・ベルギー・ルクセンブルク・フランス・イタリア・ポルトガル・ギリシア・トルコ・ドイツ連邦共和国・スペイン

③ 社会主義陣営の動き

> **背景** 米英仏が西ドイツの再軍備を認め、西ドイツが NATO に加盟(1955)

↓

> ワルシャワ条約機構(1955発足、東ヨーロッパ相互援助条約)を結成

→

> 1950年代半ばまでに東西両陣営が互いに軍事ブロックを形成 ＝「冷戦」

2 核開発競争はどのように展開し、国際社会にどのような影響をおよぼしたのだろうか？

 ① アメリカ優位の時代

> **概要** アメリカは世界で唯一の核兵器保有国だった
> 例)**広島・長崎**への**原子爆弾**の投下
> …ソ連やほかの西側諸国に対しても、圧倒的な軍事上の優位を誇っていた

② ソ連の核開発成功の衝撃

❶ 1949 **ソ連の原爆の開発成功** ➡ アメリカに強い衝撃

❷ 1950〜54「赤狩り」 ＊同時期に日本ではレッド＝パージがおこっていた

> **概要** マッカーシーを中心とした左翼運動や共産主義者を攻撃する動き
> **展開** 社会の現状に批判的な人や「**赤狩り**」に疑問を抱いただけの人も攻撃の対象となる

③ 核開発競争の過熱

❶ 1952 **イギリスの原爆開発成功、アメリカの水素爆弾(水爆)開発成功**

❷ 1953 **ソ連の水爆実験の成功** ＊両陣営は核を配置して相手を威嚇

➡ 世界中がつねに核戦争勃発の脅威にさらされる

❸ 1954 ビキニ環礁での水爆実験 ＊日本のマグロ漁船**第五福竜丸**が被爆

❹ 1955 広島で**第1回原水爆禁止世界大会**の開催

❺ 1957 パグウォッシュ会議の開催 ＊**バートランド＝ラッセル**や**アインシュタイン**の呼びかけで開催、日本から**湯川秀樹**、**朝永振一郎**らが参加

➡ 米大統領**アイゼンハワー**が原子力の平和利用を提唱

➡ **原子力発電**の開発が本格化

3 米ソの平和共存に向けた動きはどのように展開したのだろうか?

① 1950年代のアメリカ合衆国の特徴

❶ 原子力・航空機・コンピュータなどの戦争と結びついた新しい産業部門の技術革新
➡ 経済成長

❷ 「**ホワイトカラー**(専門職・事務職など)」が「**ブルーカラー**(肉体労働者)」を上まわる

❸ **都市中間層**を中心とする大衆消費社会

② 保守化と人権擁護

❶ 「**軍産複合体**」(軍需産業と軍部、政府機構の一部の一体化)
➡ アメリカの政治に影響力 例)ロッキード航空会社

❷ 冷戦の緊張のなかで保守化 ➡ 「**赤狩り**」

❸ ユダヤ人大量虐殺などへの反省
➡ 人権擁護、黒人差別への批判的な動き … のちの公民権運動へつながる

③ ソ連の「雪どけ」

| **背景** 重工業の復興を最優先に、スターリンの独裁体制のもと国民は監視される | ➡ | スターリンの死(1953)
後継者は集団指導体制をしき、外交と内政の両面で緊張緩和をはかる |

影響 外交 ❶ 朝鮮戦争の停戦 ❷ **ユーゴスラヴィア**と和解(1955)

内政 ❶ スターリン時代の無実の罪で収容所に送られていた人の釈放
❷ 重工業のみならず消費財の生産も重視

*東ベルリンの労働者がおこした政府に退陣を求める動きは、現地のソ連によって鎮圧される

④ **フルシチョフ**の登場

主張 ❶ 平和共存政策 社会主義陣営と資本主義陣営の平和的な共存を目指す
➡ ジュネーヴ4巨頭会談(1955) 米(アイゼンハワー)・ソ・英・仏

❷ スターリン批判 大量処刑の暴露、コミンフォルムの解散を決定

フルシチョフ(1894～1971)

アイゼンハワー(1890～1969)

資　料

スターリン批判(1956)

一個人を礼賛して、超自然的な資質をもつ神のごとき、超人のようなものにかえてしまうことは、マルクス・レーニン主義の精神にとって異質な、許しがたいことです……スターリンは……指導や仕事を集団的におこなうことへのまったくの忍耐のなさを露わにしました……彼の活動のしかたは、説得や説明、それに人々への丁寧な仕事によるのではなく、自分の考えを押しつけ、自分の意見に無条件に服従することを求めるものでした。これに抵抗したり、自分の観点、自分の正しさを証明しようと努めたりした人たちは、指導集団から排除され、それに続く道徳的・身体的な抹殺を運命づけられたのでした。　　　　(池田嘉郎訳)

影響 ❶ ポーランドで**ポズナニ暴動**(1956.6)
➡ ポーランド指導部が事態を収拾、**ゴムウカ**が再び第一書記に就任
❷ **ハンガリー事件**(1956.10)
… **ナジ**が**ワルシャワ条約機構**からの離脱表明(1956.10)
➡ ソ連が介入して鎮圧
❸ 中ソ関係の悪化
背景 **毛沢東**が**スターリン**と似た独裁体制をしいていた

⑤ 宇宙開発　ソ連がアメリカに先行

❶ 人工衛星**スプートニク1号**の打ち上げ成功(1957)
❷ **ガガーリン**の最初の宇宙飛行の実現(1961)

⑥ 米ソ関係の冷え込み

❶ **フルシチョフの訪米**(1959)　ソ連指導者としてはじめて訪米
❷ **U2型機撃墜事件**(1960)　ソ連領内でアメリカ機が撃墜される
➡ 米ソ関係の冷え込み
❸ 「**ベルリンの壁**」の建設(1961)
西ベルリンへの市民の流出を
阻止するために東ドイツ政府
が建設

■1948〜49年のベルリン

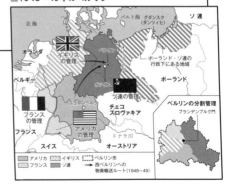

西ヨーロッパの経済復興

1 第二次世界大戦後の西ヨーロッパは どのように経済復興が開始されたのだろうか？

1 西ヨーロッパの「帝国」としての地位のゆらぎ

第二次世界大戦で著しい荒廃 ➡ 国際的地位の低下

- 西欧：アメリカの影響下
  ➡ 植民地の自立化で英仏をはじめ「帝国」としての地位のゆらぎ
- 東欧：ソ連の支配下

2 西ヨーロッパ各国の動き

❶ イギリス

1945年の総選挙
→ **アトリー**率いる**労働党**がチャーチル率いる保守党を破る
社会民主主義：議会制民主主義を通して社会主義の実現をめざす
「**ゆりかごから墓場まで**」：包括的な社会福祉体制の整備
重要産業国有化：石炭・鉄道・電気・ガス・イングランド銀行など

❷ フランス
第四共和政が発足も大統領の権限が弱く短命政権が続く

❸ イタリア
第二次世界大戦後の王政への批判から国民投票(1946)で共和政へ移行

❹ アイルランド(エール)
1949 イギリス連邦から離脱 ➡ 共和政のアイルランドとなる

2 戦後、ヨーロッパ統合の動きが生じたのはなぜだろうか？

1 西ドイツの処遇

第一次世界大戦の戦後処理：ドイツの孤立化 ➡ ナチ党台頭をまねく
第二次世界大戦の戦後処理：西ヨーロッパの復興過程に組み入れる

2 ヨーロッパ統合の開始

❶ **ヨーロッパ経済協力機構(OEEC)**の設立(1948)

マーシャル＝プランによるアメリカからの援助資金の受入れ
➡ アメリカ・カナダが加わり**経済協力開発機構(OECD)**となる(1961)

❷ ベネルクス関税同盟の結成(1948)

ベルギー・オランダ・ルクセンブルク間での関税撤廃、経済的統一をめざす

❸ ヨーロッパ石炭鉄鋼共同体(ECSC)の発足(1952)

契機 フランス外相シューマンの提案

目的 石炭業・鉄鋼業の共同管理 ➡ 経済再建と独仏の融和を含む地域協力

加盟国 仏・西独・伊・ベルギー・蘭・ルクセンブルク

❹ ローマ条約(1957) ECSCに参加する6カ国が調印

❺ ヨーロッパ経済共同体(EEC)の発足(1958)

❻ ヨーロッパ原子力共同体(EURATOM)の発足(1958)

❼ ヨーロッパ共同体(EC)の誕生(1967) ECSC・EEC・EURATOMを統一

ⓐ EC加盟国に対する貿易の自由化、非加盟国への共通関税

ⓑ 共通の農業・エネルギー・運輸政策の実現

ⓒ 市場拡大などのメリットの一方、主権の行使が制限されるデメリットもある

■ヨーロッパ・諸地域の統合

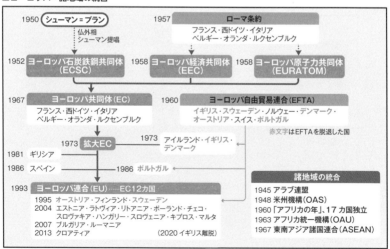

■ヨーロッパ統合の歩み

凡例:
- 旧ソ連の範囲
- EC加盟国
  - 1967年
  - 1973年
  - 1981年
  - 1986年
  - 1990年に編入された地域
- EU加盟国
  - 1995年
  - 2004年
  - 2007年
  - 2013年

③ 西ドイツの経済復興

> 1950年代末〜「経済の奇跡」
> ❶ キリスト教民主同盟率いるアデナウアーが長期政権を築く
> ❷ NATO への加盟(1955)、再軍備 ➡ 徴兵制の施行(1956)

④ イギリスの動き

> ❶ 外交方針　ヨーロッパ大陸の動きから距離をとり、統合の動きに加わらず
> ❷ ヨーロッパ自由貿易連合(EFTA)の結成(1960)
> 　ⓐ 英・墺・スイス・ポルトガル・デンマーク・ノルウェー・スウェーデンが加盟
> 　ⓑ 加盟国間での自由貿易を実施するも、非加盟国への共通関税は設けず
> ❸ 拡大 EC(1973)　アイルランド・デンマークとともに加盟
> 　➡ イギリスが EFTA から脱退、これ以降 EFTA の加盟国は減少

3 フランスは、どのようにしてアメリカから 自立しようとしたのだろうか？

1 経済復興と西ヨーロッパ

西ヨーロッパの経済復興の進展
➡ アメリカの主導権のもとからの 脱却をめざす動き

■先進国の平均経済成長率

国名／期間	1900〜13	1913〜50	1950〜73	1973〜87	1987〜91
西ドイツ	3.0	1.3	5.9	1.8	3.7
フランス	1.7	1.1	5.1	3.0	3.0
イギリス	1.5	1.3	3.0	1.6	1.3
イタリア	2.8	1.4	5.5	2.4	2.7
日本	2.5	1.8	9.3	3.7	4.9
アメリカ	4.0	2.8	3.7	2.5	1.9

（猪木武徳・高橋進『世界の歴史29』より作成）　（単位：％）

2 フランスの動き

❶ 1954〜62　アルジェリア戦争

インドシナ戦争に敗北した直後に勃発
➡ 仏政府はアルジェリア民族解放戦線(FLN)との妥協をはかる
➡ フランス人入植者(コロン)と現地のフランス軍が結び付き反乱

❷ 1958　第五共和政の成立

ド゠ゴールが政権に復帰し、 新憲法を制定し大統領が強力 な権限をもつ
➡ 大統領に就任(1959)

❸ 1960　原子爆弾の開発に成功

米ソ英につぎ4番目の核保有 国となる

❹ 1962　アルジェリアの独立承認

❺ 1964　中華人民共和国の承認

❻ 1966　NATOの軍事機構脱退

➡ モスクワを訪問しソ連との関係改善をはかる
➡ 緊張緩和(デタント)の先ぶれ

❼ 1968　五月危機(五月革命)

学生運動をきっかけにおこった広範な社会的異議申立ての運動
➡ ド゠ゴールは解散・総選挙で沈静化するも1969年に辞任

> **資　料**
>
> **ド゠ゴールの演説 (1958)**
>
> われわれは、各地の超大国が変容しつつある世界に生きている。遅れた人民として軽蔑されたくなければ、科学・経済・社会の領域で急速な発展を実現しなければならない。この至上命題を実現するためには、フランス国民とりわけ青年層のなかに芽生えつつある成功への情熱が重要である。わが国の諸制度は、この点を尊重する方向に改革されなければならない。すなわち、フランスの農工業を革新しなければならない。人々に、生活・労働・教育・居住を保障しなければならない。

第三世界の連携と試練

1 アジア・アフリカ・ラテンアメリカ諸国は、東西両陣営の対立にどのように対応したのだろうか？

1 第三世界の連携

❶ コロンボ会議(1954)
ビルマ・インド・パキスタン・インドネシア・セイロンの5カ国が参加
➡ アジア・アフリカ諸国会議の開催を提案

❷ ネルー・周恩来会談(1954)

概要 **平和五原則**(領土保全と主権の尊重、不侵略、内政不干渉、平等と互恵、平和共存)を発表

❸ アジア=アフリカ会議(バンドン会議)の開催(1955)

参加国 日本やインドネシアなども含めた29カ国

概要 **平和十原則**(平和共存・非同盟主義・反植民地主義など)

❹ 第1回非同盟諸国首脳会議の開催(1961)

契機 ユーゴスラヴィアの**ティトー**大統領の呼びかけ

概要 25カ国が参加して核兵器禁止、植民地主義の打破などをめざす
➡ アジア・アフリカなどの非同盟諸国(**第三世界**)の結束を強める

2 印パ戦争と中印国境紛争

❶ カシミール紛争
住民はムスリムが多数であったが、藩王がヒンドゥー教徒であった
➡ **インド=パキスタン戦争**(第1次1947〜48、第2次65)の発生

❷ チベット動乱(1959)

概要 1951年にチベットは中華人民共和国の支配下に入ったが民衆が蜂起
➡ 蜂起は鎮圧されるも、**ダライ=ラマ14世**はインドに亡命
➡ 1962〜 **中印国境紛争**(カシミール地方の国境をめぐる)

❸ 第3次インド=パキスタン戦争(1971)

概要 言語の違いから東パキスタンが独立を試み、これをインドが支援

結果 インドが勝利、東パキスタンは**バングラデシュ**として独立

③ アフリカ諸国の独立

❶ 北アフリカ・西アフリカの独立運動
リビア(1951)、モロッコとチュニジア(1956)
アルジェリア(1962)：民族解放戦線(FLN)の武装闘争、ド＝ゴールが独立承認
ガーナ(1957)：エンクルマ(ンクルマ)が指導者として独立
　➡ サハラ砂漠以南でアフリカ人が中心となって独立したのは初
　＊**アフリカの年**：1960年に新たに17の独立国が誕生

❷ アフリカ諸国の連帯
アフリカ諸国首脳会議の開催(1963)

> 場所　エチオピアのアディスアベバ

> 概要　アフリカ統一機構(OAU)の結成

　➡ アフリカ諸国の連帯と発展、植民地主義の克服をめざす

❸ 独立後の混乱
ⓐ 旧宗主国が政治的・軍事的介入、経済的な従属関係が継続
ⓑ 人工的な国境線が民族の分断 ➡ 内戦、クーデタ、軍事政権の誕生
ⓒ 交通や電気・水道・教育など社会的経済基盤の弱さ

┌ **コンゴ動乱**(1960〜65)
│　➡ 銅などの鉱物資源をめぐり旧宗主国ベルギーが干渉
└ **ナイジェリア内戦**(1967〜70)
　　➡ 部族対立や石油資源をめぐる争いに旧宗主国(英ソ仏など)も介入

■**アフリカ諸国の独立**

- 第二次世界大戦前
- 1960年以前
- 1960年(アフリカの年)
- 1960年代
- 1970年代以降
- アフリカ統一機構(OAU)の原加盟国(1963)

2002年AU(アフリカ連合)に改称、2017年には全てのアフリカ諸国が加盟

2 第3次中東戦争以降、アラブ地域では どのような変化が生じたのだろうか？

1 中東戦争の開始

1945 アラブ連盟の結成

> **加盟国** エジプト・シリア・イラク・レバノン・トランスヨルダン・
> イエメン・サウジアラビアの7カ国

1947 国際連合でパレスチナ分割案が決議

1948 イスラエルの建国

> **展開** アラブ諸国は承諾せず、パレスチナ戦争（第1次中東戦争）が勃発
> **結果** パレスチナ領域の約80％ がイスラエルの支配下になる

2 エジプト革命

1952 エジプト革命

> **背景** ナセルらの軍人によるクーデタ、ムハンマド＝アリー朝の国王を追放
> **展開** ❶ 農地改革の断行 ➡ 大土地所有の制限と小作農への土地分配
> ❷ イギリス軍のスエズ運河地帯からの徹底を実現
> ❸ 積極的中立政策 ➡ バグダード条約機構に反対
> ❹ アスワン＝ハイダムの建設を推進

3 第2次・第3次中東戦争

1956〜57 スエズ戦争（第2次中東戦争）

> **背景** ソ連圏からの武器購入を警戒した米・英がアスワン＝ハイダムの建
> 設への融資を撤回 ➡ スエズ運河の国有化を宣言（1956）
> **展開** 英仏とイスラエルが共同出兵 ➡ 国連緊急軍の設立（1956）
> **結果** ⓐ 米ソと国際世論の圧力で停戦　ⓑ アメリカの影響力が強まる
> ⓒ エジプトがアラブ民族主義（アラブ＝ナショナリズム）を主導

1967 第3次中東戦争（6日戦争）

> **展開** パレスチナ問題をめぐり、アラブ諸国とイスラエルの対立
> ➡ イスラエルがヨルダン川西岸、ガザ地区、ゴラン高原、
> シナイ半島などを占領
> **結果** エジプトの大敗、アラブ＝ナショナリズムは打撃を受ける
> ＊ムスリム同胞団などのイスラーム主義勢力が力をもつようになる

4 パレスチナ解放機構（PLO）

> **背景** パレスチナ人が結成した反イスラエル武装組織（議長：**アラファト**）
> **展開** **第4次中東戦争**以降、しだいに政治的な交渉を重視
> ➡ アラブ連盟の正式加盟国となる、国連のオブザーバー資格も認められる

① 第二次世界大戦後のラテンアメリカ

1947 米州相互援助条約（リオ協定）

➡ アメリカとラテンアメリカ諸国との相互の軍事的支援を約束

1948 **パン＝アメリカ会議**

➡ アメリカ主導で改組、米州機構（OAS）を結成することを合意

② アメリカの干渉への反発

> ❶ アルゼンチン：ペロン大統領が反米的なナショナリズムを掲げる
>
> ❷ グアテマラ：左翼政権が農地改革やアメリカ資本の接収を実施
> 　　　　　　　➡ アメリカの支援を受けた軍部のクーデタで打倒される

③ キューバの動向

1959 キューバ革命

指導者 カストロ、ゲバラら

結果 親米的なバティスタ政権が倒れる
➡ 革命政権はアメリカの砂糖会社も含めた農地改革を実施

1961 アメリカ、キューバと断交

影響 キューバの社会主義宣言、ソ連との関係の密接化
➡ ラテンアメリカ諸国の民族運動や革命運動に大きな刺激を与える

展開 ❶ アメリカはキューバに経済封鎖を実施
　　　❷ 「進歩のための同盟」：ラテンアメリカ諸国へ経済援助

1964 米州機構加盟国、
　　 キューバと断交

■ラテンアメリカ地域の動向

グアテマラ
1951 左翼政権成立
1954 軍事クーデタ
　　 親米独裁政権成立
1986 民政移管

キューバ
1952 軍事クーデタ
　　 バティスタ大統領再任
1959 キューバ革命
1961 社会主義宣言
1962 キューバ危機

ハイチ
パナマ　ベネズエラ
0°（赤道）

太平洋
エルサルバドル
ペルー　ブラジル
ボリビア
大西洋

ニカラグア
1979 ニカラグア革命
　　 サンディニスタ民族解放戦線
　　 政権掌握
1990 親米政権成立、内戦終結

チリ
1970 アジェンデ人民連合政権成立
1973 軍事クーデタ
1974 ピノチェト軍事独裁政権成立
1990 民政移管

ウルグアイ

アルゼンチン
1946 ペロン大統領就任
1955 軍事クーデタ
1973 ペロン大統領再任
　　 （～74）
1976 親米軍事政権成立
1982 フォークランド戦争
　　 （対イギリス）
1983 民政移管

フォーク
ランド諸島

55年体制の成立

1 55年体制はどのように成立したのだろうか？

❶ 自衛隊の発足

吉田茂内閣は**血のメーデー事件**をきっかけに破壊活動防止法（破防法）を成立（1952）

アメリカと MSA 協定を締結（兵器や農産物などの援助のかわりに自衛力増強の義務）

➡ 陸・海・空からなる**自衛隊**の発足（1954）

$\longleftrightarrow$ **革新勢力**（日本社会党・日本共産党など）は「**逆コース**」と批判

❷ 保守勢力の分裂

公職追放の解除により、鳩山一郎・岸信介らが復帰、**日本民主党**を結成
➡ 吉田内閣（自由党）を退陣に追い込み、**第1次鳩山一郎内閣**成立（1954）

❸ 日本社会党の統一と**保守合同**

鳩山内閣の方針（憲法改正、再軍備）に対抗して、**日本社会党が統一**（1955）
$\longleftrightarrow$ 日本民主党と自由党が合同して自由民主党（自民党）が成立（1955）

二大政党対立の時代となる
保守勢力（自民党）：憲法改正と再軍備、対米依存下での安全保障
　　　　　　　　　　　（3分の2弱）
革新勢力（社会党）：憲法擁護と非武装中立（自民党の2分の1程度）
＊保革対立のもとでの保守一党優位の体制＝55年体制

2 日本の国際社会への復帰には、どのような特徴があったのだろうか？

❶ 日本の国際機関への参加
　サンフランシスコ平和条約締結後、**WHO、UNESCO、ILO、IMF、GATT** などに参加
　$\longleftrightarrow$ 国際連合には加盟できず　＊ソ連の拒否権
❷ ソ連との国交回復　第2次鳩山内閣は、「**自主外交**」をうたいソ連と交渉、北方領土問題についての交渉を棚上げして日ソ共同宣言に調印（1956）
　　　　　　　　　➡ 日本の国際連合加盟が実現
❸ アジア諸国との交渉
　東南アジアとの**戦時賠償交渉** ➡ 役務の供与 ➡ 日本企業のアジア進出の足がかり
　中華人民共和国・韓国・北朝鮮との関係改善 ➡ 課題として残される

3 なぜ新安保条約が結ばれたのだろうか？

❶ 条約改定の背景

| **アメリカ** | 反共包囲網形成に向け、日米間の相互防衛義務を要求 |
| **日本** | 安保条約を改定して対等な日米関係をめざす（岸信介内閣） |

❷ 新安保条約

ワシントンで日米相互協力及び安全保障条約締結（1960.1）

米軍の日本駐留継続、日本の軍備増強、在日米軍の行動に関する事前協議制など
◆ 革新勢力（社会・共産党、総評など）は反対運動を組織

資料

日米相互協力及び安全保障条約（新安保条約）

第4条　締約国は、この条約の実施に関して随時協議し、また、日本国の安全又は極東における国際の平和及び安全に対する脅威が生じたときはいつでも、いずれか一方の締約国の要請により協議する。

第5条　各締約国は、日本国の施政の下にある領域における、いずれか一方に対する武力攻撃が、自国の平和及び安全を危うくするものであることを認め、自国の憲法上の規定及び手続に従って共通の危険に対処するように行動することを宣言する。

第6条　日本国の安全に寄与し、並びに極東における国際の平和及び安全の維持に寄与するため、アメリカ合衆国は、その陸軍、空軍及び海軍が日本国において施設及び区域を使用することを許される。

---

❸ 安保闘争

政府と与党自民党が条約を**強行採決**（1960.5）
➡ 反対運動高揚
➡ 革新勢力、全学連の学生、多くの一般市民によるデモ隊が国会へ、警官隊と衝突も（60年安保闘争）

新安保条約は参議院の議決を経ずに自然成立、直後に岸内閣総辞職

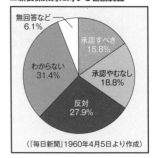

■新安保条約に対する世論調査

無回答など 6.1%
承認すべき 15.8%
わからない 31.4%
承認やむなし 18.8%
反対 27.9%

（『毎日新聞』1960年4月5日より作成）

4 ベトナム戦争は日本とどのように関わっていたのだろうか？

❶ ベトナム戦争

アメリカによる**北爆**(1965.2)以降、ベトナム戦争は泥沼化
➡ グアム島に加え、沖縄の**嘉手納基地**も米軍の発進基地に
➡ 佐藤栄作内閣は、アメリカのベトナム戦争を支援
　＊米軍は**枯葉剤**などの化学兵器や**ナパーム弾**を使用、多くの一般民衆を殺害した

世界で反戦運動が広がるなか、米大統領**ニクソン**はベトナムからの撤兵を公約(1969)

❷ 佐藤・ニクソン会談

佐藤首相が訪米、ニクソン大統領と会談(1969.11)
➡ 共同声明を発表(非核三原則、沖縄返還など)
➡ 沖縄返還協定(1971)
➡ 沖縄の施政権が日本に復帰(1972.5.15)

❸ 沖縄返還の現実

沖縄の米軍基地はほとんど減少せず
国土面積の0.6％にすぎない沖縄に、
米軍施設の70％が集中

■沖縄のアメリカ軍基地(2018年)

辺戸
伊江島
本部
名護
嘉手納
沖縄
宜野湾
那覇

　アメリカ軍基地

5 韓国・中国との国交正常化はどのようにおこなわれたのだろうか？

❶ 日韓基本条約(1965)

佐藤栄作首相と韓国の朴正煕政権とのあいだに**日韓基本条約**締結

韓国を**朝鮮半島唯一の合法的な政府**と認め、国交正常化
戦前の諸条約は「**もはや無効**」であることを確認
日本が総額8億ドルの援助 ⬌ 韓国は賠償金の請求権を放棄

資 料

日韓基本条約

第1条　両締約国間に外交及び領事関係が開設される。両締約国は、大使の資格を有する外
交使節を遅滞なく交換するものとする。また、両締約国は、両国政府により合意される場
所に領事館を設置する。

第2条　千九百十年八月二十二日以前に大日本帝国と大韓帝国との間で締結されたすべての
条約及び協定は、もはや無効であることが確認される。

第3条　大韓民国政府は、国際連合総会決議第百九十五号(Ⅲ)に明らかに示されているとお
りの朝鮮にある唯一の合法的な政府であることが確認される。

❷ 日中共同声明(1972)

田中角栄首相は、**日中共同声明**に調印
日本の戦争責任を認め、中華人民共和国が**中国唯一の合法政府**であると承認

中国は日本に対する戦争賠償請求を放棄
⬌ 日本と台湾(中華民国)との国交は断絶

田中角栄(1918〜93)

資 料

日中共同声明

日本側は、過去において日本国が戦争を通じて中国国民に重大な損害を与えたことについての責任を痛感し、深く反省する。……

1. 日本国と中華人民共和国とのあいだのこれまでの不正常な状態は、この共同声明が発出される日に終了する。

2. 日本国政府は、中華人民共和国政府が中国の唯一の合法政府であることを承認する。

3. 中華人民共和国政府は、台湾が中華人民共和国の領土の不可分の一部であることを重ねて表明する。……

5. 中華人民共和国政府は、中日両国国民の友好のために、日本国に対する戦争賠償の請求を放棄することを宣言する。

(外務省編『わが外交の近況』)

■戦後における日本の外交

1945	8	ポツダム宣言受諾
	10	GHQ、人権指令・五大改革指令
1946	11	日本国憲法公布
1948	8	大韓民国(韓国)成立
	9	朝鮮民主主義人民共和国(北朝鮮)成立
1949	10	中華人民共和国成立
1950	6	朝鮮戦争勃発
1951	9	サンフランシスコ平和条約締結
		日米安全保障条約締結
1952	8	IMF・IBRD加盟
1955	9	GATT加盟
1956	10	日ソ共同宣言調印
	12	国際連合加盟
1960	1	日米相互協力及び安全保障条約(新安保条約)調印
1964	4	OECD加盟
	10	東京オリンピック開催
1965	6	日韓基本条約調印
1971	6	沖縄返還協定調印
1972	8	日中共同声明調印
1973	10	第1次石油危機
1978	8	日中平和友好条約調印

日本の高度経済成長

1 日本の高度経済成長は、なぜ成しとげられたのだろうか？

1 経済成長の始まり

❶ 不況からの脱出

ドッジ＝ラインによる深刻な不況（1949〜）

朝鮮戦争による特需景気で活気を取り戻す（1950〜）

武器や弾薬の製造、自動車や機械の修理など、アメリカ軍による特需

➡ 実質国民総生産（GNP）が戦前の水準まで回復（1951）

➡ 朝鮮戦争休戦後も輸出の好調が続く

➡ 『経済白書』が「もはや戦後ではない」と記す

＊日本経済は復興を終え、技術革新による成長の時期に入った

❷ 名づけられた好景気

神武景気	1955〜57	MSA協定、朝鮮復興資材の輸出など
岩戸景気	1958〜61	技術革新と設備投資の増加
オリンピック景気	1963〜64	東京オリンピック、新幹線の整備などによる需要増
いざなぎ景気	1966〜70	大型合併、マイカーブーム、ベトナム戦争
列島改造ブーム	1972〜73	田中角栄の政策に触発された土地開発ブーム

資 料

消費者は常にもっと多く物を買おうと心掛け、企業者は常にもっと多くを投資しようと待ち構えていた。いまや経済の回復による浮揚力はほぼ使い尽くされた。なるほど、貧乏な日本のこと故、世界の他の国々にくらべれば、消費や投資の潜在需要はまだ高いかも知れないが、戦後の一時期にくらべれば、その欲望の熾烈さは明らかに減少した。もはや「戦後」ではない。我々はいまや異なった事態に当面しようとしている。回復を通じての成長は終わった。今後の成長は近代化によって支えられる。　　　　（経済企画庁編『昭和31年度　経済白書』）

2 高度経済成長

❶ 池田勇人内閣

岸信介にかわって内閣を組織した池田勇人は、

「国民所得倍増計画」を閣議決定（1960）

工業地帯を形成、農村からの労働力を供給、政府資金の投入

➡ 10年間で国民総生産（GNP）を倍増させて完全雇用を実現する長期計画

❷ 高度経済成長

資本主義諸国で世界第2位のGNPを実現（1968）

年平均10％の経済成長（〜1973）で、計画を上まわる（＝高度経済成長）

＊東京オリンピック（1964）や大阪万博（1970）は、経済成長を内外にアピール

3 経済成長のメカニズム

❶ 設備投資

大企業による設備投資（鉄鋼・造船・自動車など）「投資が投資を呼ぶ」
➡ 技術革新が中小企業にも波及

❷ 「日本的経営」の確立

先進技術の導入 ➡ 品質管理、労務管理、流通・販売にもおよぶ
日本独自の改良 ➡ 終身雇用・年功賃金・労使協調（＝「日本的経営」）

❸ エネルギー革命

第1次産業の比重低下、第2次・第3次産業の
比重増大

中東の産油国からの安価な原油輸入により、
石炭から石油への
エネルギー革命が進む

鉱山の縮小にともなう激しい労働争議
（三池争議など）➡ 炭鉱の閉山が進む

❹ 国民所得の向上

工業 技術革新、生産性向上、労働力不足、
「春闘」方式の労働運動など
➡ 労働者の賃金が大幅に上昇

農業 農業基本法（1961）により、農業の
近代化と構造改善がはかられる
化学肥料、農業機械の普及、米価の
制作的引上げ、農外所得の増加
➡ 農家所得の上昇

⬅ 農業労働者の高齢化「三ちゃん農業」、
食料の輸入依存進行、食料自給率低下

■産業別就業者割合の推移

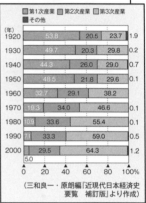

（三和良一・原朗編『近現代日本経済史
要覧 補訂版』より作成）

4 国際競争力の強化

❶ 外的要因

安定した国際通貨体制（**1ドル＝360円の固定為替相場**）＋安価な資源の輸入
➡ 輸出の拡大、大幅な貿易黒字（鉄鋼・船舶・自動車などの重工業製品）

❷ 先進国の仲間入り

経済協力開発機構（OECD）に加盟、先進国の仲間入りを果たす（1964）

❸ 国内企業の再編

三菱重工業が再合併、**新日本製鉄**の創立（八幡製鉄＋富士製鉄）などの大型合併
都市銀行（三井・三菱・住友など）が企業集団を形成

2 経済成長によって、国民の消費はどのようにかわったのだろうか?

1 消費の拡大

❶ 高度経済成長期に、国民の8〜9割が中間層を自覚(中流意識)

所得の増加 ➡ 消費の拡大 ➡ 大量生産による価格引下げ ➡ 消費の拡大

核家族化が進み、世帯数が増加 ➡ 消費の拡大

❷ 耐久消費財

「三種の神器」(高度経済成長期前半) = 電気洗濯機・白黒テレビ・電気冷蔵庫

「新三種の神器(3C)」(1966〜) = 自動車(カー)・カラーテレビ・
　　　　　　　　　　　　　　　　　ルームエアコン(クーラー)

大量生産・大量販売体制、割賦販売制度の確立で普及

＊自動車での組立てライン方式、電器メーカーでの系列販売網など

小売業では、スーパーマーケットが百貨店を売上高で上まわる(1972)

■耐久消費財普及率の推移

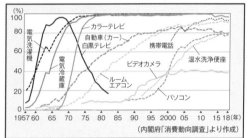

(内閣府「消費動向調査」より作成)

2 生活の変化

❶ モータリゼーション

自家用乗用車(マイカー)の普及

名神高速道路(1965)、**東名高速道路**(1969)開通

◆➡ 国鉄は赤字に転落　＊**東海道新幹線**開通(1964 東京・新大阪間)

航空輸送は**ジェット機**の導入(1960)で拡大

❷ 食生活の洋風化

肉類、乳製品の消費がのびる

インスタント食品や冷凍食品の普及、**外食産業**の発達

◆➡ 米は供給過剰になり、減反政策が始まる(1970)

❸ 余暇、メディア

生活のゆとり ➡ レジャー、マスメディアの発達

新聞・雑誌・テレビが大衆文化の担い手 ➡ 大量の CM で購買欲をあおる

❹ 教育

高校進学率が82%、短大・大学進学率が24%をこえる(1970)

➡ 義務教育終了後の就学が増え、**高等教育の大衆化**が進む

3 高度経済成長の負の側面とは何だろうか？

❶ 過疎化・過密化

農村・山村・漁村で人口の高齢化が進む＝**過疎化**
＊地域社会の生産活動などに支障

大都市圏では**過密化**が進む
➡ 郊外への宅地開発 ➡ 公共交通の混雑、道路交通の渋滞

交通事故による死者数の急増 ➡ **「交通戦争」**と呼ばれた

❷ 公害問題

大気汚染・水質汚濁・騒音などが慢性化、光化学スモッグも発生 ⬅ 経済成長優先
➡ 被害者らの抗議が組織化、公害反対の住民運動高まる（四大公害訴訟）
➡ いずれも被害者側の勝訴
＊四大公害：**水俣病・四日市ぜんそく・イタイイタイ病・新潟水俣病**

政府の公害対策　公害対策基本法（1967）、環境庁（1971）

❸ 革新自治体の増加

東京都知事に**美濃部亮吉**が当選（1967）　＊**日本社会党**と**日本共産党**の推薦
➡ 革新自治体はきびしい公害規制条例や福祉政策の充実で成果をあげた

■おもな公害と四大公害訴訟

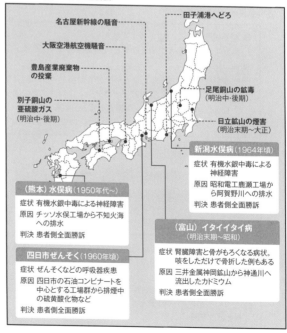

名古屋新幹線の騒音
大阪空港航空機騒音
豊島産業廃棄物の投棄
別子銅山の亜硫酸ガス（明治中・後期）
田子浦港へどろ
足尾銅山の鉱毒（明治中・後期）
日立鉱山の煙害（明治末期～大正）

新潟水俣病（1964年頃）
症状　有機水銀中毒による神経障害
原因　昭和電工鹿瀬工場から阿賀野川への排水
判決　患者側全面勝訴

（熊本）水俣病（1950年代～）
症状　有機水銀中毒による神経障害
原因　チッソ水俣工場から不知火海への排水
判決　患者側全面勝訴

四日市ぜんそく（1960年頃）
症状　ぜんそくなどの呼吸器疾患
原因　四日市の石油コンビナートを中心とする工場群から排煙中の硫黄酸化物など
判決　患者側全面勝訴

（富山）イタイイタイ病（明治末期～昭和）
症状　腎臓障害と骨がもろくなる病状。咳をしただけで骨折した例もある
原因　三井金属神岡鉱山から神通川へ流出したカドミウム
判決　患者側全面勝訴

冷戦構造のゆらぎと世界経済の転換

1 キューバ危機後、緊張緩和と軍縮はどのように進んだのだろうか？

1 キューバ革命

1959 カストロ、**ゲバラ**率いる革命政権によって**バティスタ**親米政権を打倒

展開 ❶ 農地改革による土地国有化に対し、米はソ連寄りとみなし敵対視
❷ カストロ政権によってキューバ国内の米企業の国有化に着手
❸ ケネディ米大統領は反革命政権を支援しカストロ政権打倒を企てる

⟶ 失敗、キューバの社会主義宣言

2 キューバ危機 (1962) の経過

❶ キューバ アメリカに対抗して核武装を望み、ソ連に支援要請
❷ ソ連 フルシチョフは要請を受け入れ、ミサイル基地の建設開始 (1962)
❸ ケネディ政権の反発 米海軍によってキューバを海上封鎖 ➡ **核戦争の危機**の高揚
❹ 妥協の成立 ⓐ ソ連がミサイル基地の撤去 ⓑ アメリカはキューバ侵攻を断念
ⓒ 米ソ両首脳を直結する電話 (**ホットライン**) の敷設

3 西ドイツの東方外交

❶ 緊張緩和 (デタント) をめざす動き
西欧で東側諸国との関係改善をめざす独自の外交政策を展開
❷ 西ドイツ
フランスのド=ゴールによる対ソ外交が西ドイツに刺激を与える
ⓐ キリスト教民主同盟のアデナウアー 東側諸国との国交樹立を拒否
ⓑ 社会民主党のブラント 「東方外交」を展開
➡ 外相としてルーマニア、チェコスロヴァキアなどの東欧諸国と国交樹立

1969 ブラントが西ドイツの首相に就任

1972 **東西ドイツ基本条約**に調印 ➡ 相互に国家として承認

1973 東西ドイツの国際連合同時加盟が実現

4 核軍縮

❶ **核開発競争** 中国が原子爆弾の実験に成功 (5番目の核保有国、1964)
❷ **部分的核実験禁止条約** (PTBT、1963) 米英ソ署名、地下を除く核実験の禁止
❸ **核拡散防止条約** (NPT、1968) 米ソ英仏中以外は保有できない仕組み
＊印・パキスタン・北朝鮮は核保有国、イスラエルは核保有の可能性大
❹ ニクソンの訪中 (1972) で米中関係の改善
➡ 米ソ関係の改善、モスクワで現状の弾道ミサイル保有量を上限とする協定

2 冷戦構造はどのように変化し、米ソ両国はこの変化にどのように対応したのだろうか？

1 かわる世界

❶ 東側陣営 ┌ ソ連と中国との対立が激しさを増す
　　　　　 └ チェコスロヴァキアで改革運動 ➡ ソ連の弾圧
❷ 西側陣営 ベトナム反戦運動と人種差別への抗議とが結びつく
❸ 1960年代にベビーブーマー世代が成人を迎える
　　➡ 古い伝統やしきたりに反対して声をあげる、各地の変革運動の担い手

2 中ソ対立と中国の混乱

1950年代後半〜60年代初頭　中国、ソ連のスターリン批判に反発

1958 毛沢東の主導で「大躍進」と呼ばれる増産政策の開始

内 容 ❶ 土法高炉による鉄鋼の大量生産
　　　 ❷ 住民の大規模動員によるダム建設
　　　 ❸ 農村部の住民を人民公社（集団往生）へ組織

結 果 生産活動の混乱、大規模な自然災害も重なって数千万人の餓死者
　　　➡ 「大躍進」は失敗、現実主義的実務派の劉少奇・鄧小平の台頭

1966 「プロレタリア文化大革命（文革）」の発動

内 容 毛沢東の巻き返し、旧来の社会制度や資本主義の名残の排撃、
　　　 紅衛兵と呼ばれる若者たちが大量動員

結 果 実際は毛沢東の権力強化に進み、劉少奇や鄧小平は失脚
　　　➡ 中国に大混乱をもたらし、多大な犠牲者を出す

＊中国の核開発：原子爆弾（1964）、水素爆弾（1967）の開発に成功
＊中ソ国境紛争：中ソ国境での武力衝突

3 「プラハの春」とソ連の停滞

❶ 1950年代後半〜60年代前半のソ連：フルシチョフが主導
　┌ ⓐ スターリン批判と言論統制の緩和 ➡ 共和党内の保守派が警戒
　├ ⓑ 農業改革：場当たり的で不作をまねく
　└ ⓒ 中ソ対立やキューバ危機など外交でも混乱
　　➡ 1964　フルシチョフが突然共産党第一書記を解任される
　　➡ フルシチョフ失脚後、ブレジネフが新指導部を率いる
❷ チェコスロヴァキアの改革運動
　　ⓐ 自由な社会主義をめざすドプチェクが指導者となる ➡ 「プラハの春」
　　ⓑ ソ連はワルシャワ条約機構軍を侵入させ、「プラハの春」を鎮圧

4 ベトナム戦争

> **背景** ❶ インドシナ戦争(1946〜54)でベトナムは南北に分断
> - 北部：ベトナム民主共和国(北ベトナム) ➡ 社会主義の建設をめざす
> - 南部：ベトナム共和国(南ベトナム) ➡ アメリカの支援
>
> ❷ 1960年に南ベトナム解放民族戦線が結成され、内戦が始まる
> - アメリカのケネディ政権：南ベトナムを軍事支援
> - 北ベトナム：南ベトナム解放民族戦線を軍事支援
>
> **展開** 1965 ジョンソン政権による北爆の開始 = ベトナム戦争の開始
> ➡ ソ連・中国が北ベトナムへの
> 　軍事支援をおこなう
>
> - 北ベトナムと南ベトナム解放民
> 族戦線：密林でゲリラ戦を繰り
> 広げる
> - 南ベトナムとアメリカ軍：
> 毒性の強い枯葉剤を散布し一般
> の民衆を殺害

■ベトナム戦争

■南ベトナム解放民族戦線のゲリラ中心地

5 アメリカの動揺

> ❶ アメリカ国内の動き
> - ⓐ ベトナム反戦運動：
> 戦死者の増加とともに高揚
> - ⓑ キング牧師らを指導者とする黒人差
> 別に反対する公民権運動の高まり
>
> ❷ ベビーブーマー世代の台頭
> 1960年代後半に社会改革を求める運動
> が盛り上がる
> ➡ ヒッピーやロックといったカウンターカルチャーも生まれる
>
> ❸ ベトナム戦争の終結
> 1973 ニクソン大統領のもとアメリカ軍はベトナムから撤退
> 1975 南ベトナムの首都サイゴン(現ホーチミン)の陥落
> ➡ 北ベトナムの主導による統一

6 米ソの緊張緩和

> ❶ 米ソの威信の低下：アメリカはベトナム戦争、ソ連は「プラハの春」で低下
>
> ❷ アメリカと中国の接近
> - ⓐ アメリカはソ連との関係改善の足がかりとして中華人民共和国に接近
> - ⓑ 国際連合の代表権が中華民国(台湾)から中華人民共和国へ移る(1971)
> - ⓒ ニクソン訪中(1972) ⬅ 大統領補佐官としてキッシンジャーが実現
>
> ❸ 競争相手の中国がアメリカに接近したことでソ連を刺激
> ➡ アメリカとの関係改善を促す
> ➡ ヨーロッパで始まっていた緊張緩和(デタント)の本格化

3　世界経済の変化に東西両陣営はどのように対応したのだろうか？

① 1970年代の世界経済の転換

> ❶ 金ドル本位制（金とドルの交換率を固定し交換を保証）の停止
> ❷ 第1次石油危機（オイル＝ショック）の発生　戦争を契機に原油価格が高騰

② ドル＝ショック

> ❶ アメリカの経済力のゆらぎ
>
> 　ブレトン＝ウッズ体制：第二次世界大戦後の世界経済
>
> 　**特徴**　金ドル本位制：金とドルの交換率の固定
> 　　　　　固定相場制：基軸通貨のドルと各国の通貨の交換比率を一定
>
> 　**崩壊**　ベトナム戦争によってアメリカの金保有量の減少、経済力の低下
> 　　　　➡ **ニクソン**大統領が金ドル本位制の停止発表（**ドル＝ショック**）
>
> ❷ 資本主義**経済**の変化
> ┌ 変動相場制の導入：ドルと各国通貨の交換レートが需要と供給に応じて変動
> │ アメリカ・西ヨーロッパ・日本の三極構造へ変化
> └ アメリカの経済的影響力の相対的低下 ➡ 西ヨーロッパの統合促進

③ 経済成長重視の見直し

> 1950年代〜60年代　大気汚染などの**公害**、環境破壊などの深刻な社会問題
> 　➡ 日本：**四大公害**をはじめとする公害病で多数の被害者

④ 石油危機と石油危機後の東西陣営

> ❶ **第4次中東戦争**(1973)の勃発　　エジプトとシリアがイスラエルを攻撃
>
> 　**展開**　アラブ石油輸出国機構（OAPEC）が原油生産の削減、西側諸国への石油の
> 　　　　　禁輸・輸出制限をかける ➡ **第1次石油危機**の発生
>
> 　**結果**　ⓐ 西側諸国での経済混乱　ⓑ 省エネルギー化の進展
> 　　　　　ⓒ ハイテクノロジー（ハイテク）化の加速　ⓓ 日本では高度経済成長の終了
>
> 　**対応**　西側の主要諸国による首脳会議**サミット**（先進国首脳会議）開始(1975)

> ❷ 西側諸国　　**福祉国家**の実現から「**小さな政府**」の実現への転換
>
> 　英：**サッチャー**首相、米：**レーガン**大統領、日：**中曽根康弘**首相
> 　➡ 規制緩和や民営化の推進、公共事業支出の抑制 ＝ **新自由主義**

> ❸ 東側諸国　　重工業重視、省エネルギー化とハイテクノロジー化が遅れる
>
> 　ソ連：原油・天然ガスを大量に産出 ➡ 原油価格の高騰で利益を得る
> 　東欧諸国：ソ連の安価な原油・天然ガスに依存

アジア諸地域の経済発展と市場開放

1 なぜ開発途上国では開発独裁が一定の成果を あげることができたのだろうか?

1 開発独裁とアジアの経済発展

❶ 開発独裁

| 概要 | アジア諸地域やラテンアメリカなどでみられた、軍部も含めた独裁的・強権的な政治体制下で経済発展を優先させる政治体制 |

特徴

ⓐ 労働者の賃金を低くおさえて外国企業を誘致

ⓑ 外資を利用して労働集約的な工業製品を先進国に輸出→輸出指向型工業化

ⓒ 反共の姿勢を示し西側諸国からの技術提供、融資、無償の資金援助を受ける

❷ 新興工業経済地域(NIES)

| 概要 | 韓国・台湾・香港・シンガポール・ブラジル・メキシコなどで輸出指向型工業化が進展、1970~80年代にかけて高い経済成長率を実現 |

❸ 東南アジア諸国連合(ASEAN)

| 概要 | マレーシア・タイ・フィリピン・インドネシア・シンガポールの5カ国が1967年に結成、当初は北ベトナムなど社会主義勢力に対抗 ➡ しだいに東南アジア地域内の政治的・経済的協力が進展 |

2 1960~70年代のアジア諸地域

❶ 韓国

1960 民主化運動で李承晩大統領は失脚

1961 軍事クーデタで朴正熙が大統領になる
➡ 財閥企業を中心とした輸出指向型工業化による経済発展を進める

1965 日韓基本条約の締結 ➡ 日本からの無償資金と借款、技術協力を得る
… ベトナム戦争での特需、アメリカからの外資導入が進む

1970年代~ 製鉄や造船などの重化学工業化が進む

❷ 台湾　　国民党の一党体制下、蔣介石・蔣経国父子による強権的政治

1950年代~ アメリカの資金援助によって輸入代替工業化政策の進展

1960年代~ 輸出指向型工業化をめざす

❸ マレーシア

1963 マラヤ連邦にイギリス領ボルネオ、シンガポールを加えて成立
1965 シンガポールが分離・独立 ➡ リー゠クアンユーによる独裁・工業化
1981 マハティールがマレーシア首相に就任
　　➡ マレー系住民を中心とした国民統合、日韓をモデルとした経済開発

❹ インドネシア

ⓐ スカルノ大統領
　共産党・イスラーム勢力・国民党を統制、中国との関係強化 ➡ 1965年失脚
ⓑ スハルト大統領：軍部を掌握、工業化をめざす

❺ フィリピン

1965 マルコスの大統領就任 ➡ 独裁権力を手にする、経済開発政策を展開

❻ タイ　　　反共の立場を明確化、外資の導入と工業化をめざす

1958 軍人によるクーデタ ➡ 立憲君主政のもと独裁的な軍事政権が樹立

❼ 中国

1976 周恩来と毛沢東があいついで死去 ➡ 事実上、文化大革命の終了
1978 鄧小平が実権を握る
　　ⓐ 改革開放路線：農業・工業・国防・科学技術の「四つの現代化」を推進
　　ⓑ 日中平和友好条約の締結 ➡ 1979年から日本から中国への ODA 開始

2　1980年代の日本が欧米先進国と比べて、相対的に高い経済成長率を維持していたのはなぜだろうか？

1 日本の安定成長

❶ 第1次石油危機(1973)

1974年に日本の経済成長率は戦後初のマイナス = 高度経済成長の終わり
　➡ 世界経済が停滞するなか、日本経済は比較的早く立ち直る
　➡ 省エネルギー型の産業、省エネ製品の開発等を追求
　➡ 3〜5％前後の高い経済成長率を維持(安定成長)

❷ 企業と労働環境の変化

ⓐ 減量経営：省エネ化、人員削減、パート労働への切り替え等
　➡ コンピュータや産業用ロボットなどの ME(マイクロ゠エレクトロニクス)
　　技術の駆使、オフィス゠オートメーション(OA)化を進める
ⓑ 労働組合の弱体化、「サービス残業」の日常化、過労死の社会問題化

❸ 貿易黒字の拡大

- ⓐ 鉄鋼・石油化学・造船などの資源を大量に消費する産業の停滞
- ⓑ 省エネ型の自動車、電気機械、半導体・集積回路(IC)・コンピュータなどのハイテク産業の輸出をのばす
  - ➡ 日本の貿易黒字の大幅な拡大 ➡ 欧米諸国とのあいだに貿易摩擦
    - 例)自動車をめぐる日米貿易摩擦

2 経済大国

❶ 「経済大国」日本

1980 世界の国民総生産(GNP)総計に占める日本の割合は約10%となる
  - ➡ 開発途上国に対する政府開発援助(ODA)の供与額が世界最大規模に

1980年代半ば～ 1人当たりの国民所得でアメリカを追い抜く

❷ アメリカによる市場開放要求

アメリカ:日本に対し輸出規制と、農産物に対する市場開放をせまる
- ➡ 牛肉・オレンジの輸入自由化(1988)、米市場の部分開放(1993)

❸ アジア・太平洋地域の相互依存関係の深まり

1980年代 アジアNIES、ASEAN諸国、中国も経済成長をとげる
- ➡ 1989 アジア太平洋経済協力(APEC)が発足

■各国の経済成長率(実質)の推移

	日本	アメリカ	イギリス	ドイツ	EU	OECD	中国	韓国	ASEAN
1981～85年	4.2	3.3	2.4	1.4	1.6	2.7	10.6	9.4	4.0
1986～90	4.9	3.3	3.5	3.3	3.3	3.6	7.9	10.5	7.1
1991～95	1.5	2.6	1.6	2.0	1.6	2.1	12.3	8.4	7.2
1996～2000	1.1	4.3	3.4	1.9	3.0	3.3	8.6	5.5	2.1
2001～05	1.2	2.6	2.8	0.6	1.9	2.2	9.8	4.7	4.9
2006～10	0.1	0.9	0.4	1.2	0.9	1.0	11.3	4.1	5.2
2011～15	1.0	2.2	2.1	1.7	1.1	1.8	7.9	3.0	4.9

(世界銀行 "World Developement Indicators" より作成)

3 1985年以降、主要通貨の対ドル相場が上昇したことが日本の産業にどのような影響を与えたのだろうか?

1 プラザ合意からバブル経済へ

❶ レーガン米大統領による高金利・ドル高の「強いアメリカ」路線

財政赤字と国際収支赤字の「双子の赤字」が発生、1985年に債務国に
- ➡ 1985.9 米・日・西独・英・仏で大蔵大臣・中央銀行総裁会議(G5)
  - ➡ プラザ合意:円・マルクの為替相場を上昇させ、為替レートを調整
    - ➡ ドル高・円安から一挙に円高・ドル安に転換

❷ 円高への対応

公定歩合の引下げなどの金融緩和、公共事業の拡大 ➡ 国内需要(内需)の拡大

＊急激な円高を避けるため、ドル買い・円売りの市場介入をおこなう

➡ 国内の通貨量が増加

❸ バブル経済の発生

　背景　増加した通貨が株式と不動産に投資 ➡ 株価と地価の高騰

企業の対応

┌ 金融市場での資金運用で利益を得る「財テク(財務テクノロジー)」
└ 短期的な利益獲得をねらう投機的な土地取引の拡大 ➡「地上げ」「土地転がし」

政府・日本銀行の対応

金融引締めへの転換、土地投機の抑制

➡ 公定歩合の引上げ、大蔵省の指導で不動産融資を抑制

➡ 急激な景気後退、バブル経済の崩壊、**産業の空洞化**をまねく

2 民営化と規制緩和

❶ 新自由主義的な潮流が世界的に強まる(1980年代)

➡ 日本政府:民間活力の育成を意図して民営化と規制緩和を進める

❷ 中曽根康弘内閣の発足(1982.11)　**「戦後政治の総決算」**を掲げる

　ⓐ 日米韓関係の緊密化と防衛費の大幅な増額

　ⓑ **行財政改革**の推進

┌ 老人医療や年金などの社会保障の後退
└ **電電公社**(現 NTT)、**専売公社**(現 JT)、**国鉄**(現 JR)**の民営化**の断行

➡ 財政再建のための大型間接税の導入は果たせずに退陣

❸ **竹下登内閣　消費税**(3%)を実現(1989年度から実施)

■各国の日本の経済成長率(実質)

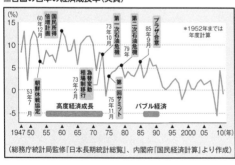

(総務省統計局監修『日本長期統計総覧』、内閣府『国民経済計算』より作成)

■主要通貨対米ドル変動率

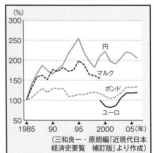

(三和良一・原朗編『近現代日本
経済史要覧　補訂版』より作成)

冷戦終結による国際情勢の変化と経済のグローバル化

1 東西冷戦の終結によって、国際情勢はどのように変化したのだろうか？

1 ソ連のアフガニスタン侵攻(1979)

❶ アフガニスタンの社会主義政権：内紛とイスラーム主義ゲリラの攻撃で不安定
➡ これを支援するためにソ連が軍事介入するも泥沼化

❷ 西側諸国はソ連を強く非難
米・日・中などがモスクワ＝オリンピックボイコット(1980)
➡ 緊張緩和(デタント)は終結、東西関係が再び冷え込む

❸ レーガンがアメリカ大統領に就任(1980)
人工衛星を使ってソ連の核ミサイルを迎撃する戦略防衛構想(SDI)を打ち出す
➡ 一方、ソ連は軍事のハイテクノロジー化が遅れる
➡ ゴルバチョフが新書記長に就任(1985)

❹ ソ連の沈滞とその原因
 ⓐ 経済成長が停滞していたが、国内総生産の4分の1を軍事支出にあてる
 ⓑ 原油価格の低下
 ⓒ チョルノービリ(チェルノブイリ)原子力発電所事故(1986)

2 ソ連の「新思考外交」

目的 アメリカとの軍拡競争の負担軽減
➡ アメリカとの抜本的な関係改善をめざす

内容 ❶ 中距離核戦力(INF)全廃条約の調印(1987)
❷ アフガニスタンからソ連軍撤退を決定(1988)

展開 ゴルバチョフは東欧社会主義圏への内政干渉の終結を決意
➡ 共産党の一党支配体制放棄、社会主義から資本主義への転換進展
➡ 東欧革命と呼ばれる
　改革運動の開始(1989)

❶ 東ドイツ：「ベルリンの壁」崩壊
❷ チェコスロヴァキア：
「プラハの春」弾圧時に解任
されたドプチェクの復権
❸ ルーマニア：
改革に抵抗した
チャウシェスクの処刑
❹ ポーランド：
自主管理労働組合「連帯」を
率いるワレサが大統領に就任

■東欧革命

> **結果** ❶ **ゴルバチョフ**と**ブッシュ(父)**米大統領が**マルタ島**で会談
> ➡ 1989.12 **冷戦の終結**を宣言
> ❷ 東西ドイツの統一(1990.10)：ブッシュ(父)とコール首相(西独)の交渉

◈ 3 イラン＝イスラーム革命、湾岸戦争

> **❶ 1960年代のイラン**
>
> **パフレヴィー2世**による欧米化・近代化政策の推進　→　独裁的な政治手法、貧富の格差への不満がつのる

> **❷ イラン＝イスラーム革命**
>
> 反体制派の宗教学者**ホメイニ**が帰国、**イラン＝イスラーム共和国**成立(1979)　→　アメリカに敵対的な姿勢、石油価格が再び高騰(**第2次石油危機**)

> **❸ イラン＝イラク戦争**
> 　(1980〜88)
>
> イラクの**フセイン**が油田地帯の併合をねらって侵攻
>
>
>
> アメリカはイラクを支援するも決着がつかないまま停戦

■石油の価格の変動

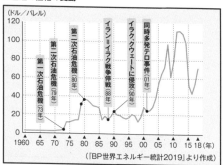

(『BP世界エネルギー統計2019』より作成)

> **❹ 湾岸戦争**(1991.1)

ⓐ イラクが**クウェート**に侵攻(1990)
ⓑ 米ソが合意し国連の安全保障理事会はイラクへの武力行使を容認する決議採択
ⓒ アメリカを中心とする**多国籍軍**がイラクを攻撃、クウェートを解放

---

2 なぜソ連は崩壊し、ユーゴスラヴィアは解体したのだろうか？

◈ 1 ソ連崩壊

> **❶ ゴルバチョフの改革**
>
> **外交** 「**新思考外交**」
> **内政** 「**ペレストロイカ(立て直し)**」：社会主義体制の抜本的な改革
> 　ⓐ **資本主義**の部分的な導入、経済の活性化
> 　ⓑ 「**グラスノスチ(情報公開)**」による言論の自由化

- ⓒ 人民代議員大会を開催(1989) ➡ **ソ連大統領**にゴルバチョフ選出(90)
- ⓓ 複数政党制導入を決定(1990)
  結果 経済の混乱 ➡ 社会主義の放棄と資本主義への転換を求める声の高揚

❷ ソ連の連邦制のゆらぎ

- ⓐ 中央アジアやカフカスなどで民族紛争が表面化
- ⓑ **バルト3国**が一方的に独立宣言(1990)
- ⓒ ロシア共和国内で**エリツィン**が大統領に当選(1991.6)
- ⓓ **ウクライナ**の分離・独立：国民投票でソ連から独立(1991.12)

❸ 崩壊

- ⓐ 共産党の保守派：ソ連の国際的な発言力低下、国内の混乱へ危機感
  ➡ ゴルバチョフを軟禁してクーデタをおこす(1991.8)
    ➡ エリツィンを中心とするモスクワ市民が抵抗してクーデタ失敗
- ⓑ **独立国家共同体(CIS)** の創設(1991.12)
  ロシア・ウクライナ・ベラルーシの3共和国が合意、**ソ連の崩壊**

2 ユーゴスラヴィア紛争

❶ ユーゴスラヴィアの指導者ティトーの死

セルビアの**ミロシェヴィッチ**など**ナショナリズム**に訴える指導者出現
➡ **スロヴェニア**と**クロアティア**がユーゴスラヴィアから分離独立(1991)
  ➡ セルビアの影響が強いユーゴスラヴィア連邦軍の介入、**EC**の仲裁で停戦

❷ ボスニア＝ヘルツェゴヴィナの内戦(1992〜95)

セルビア人、クロアティア人、ムスリム人のあいだに複雑な民族対立・宗教対立

❸ コソヴォ紛争

セルビアのコソヴォ地区に住むアルバニア系住民とセルビア政府との対立
➡ 中国やソ連の後継国家のロシアの反発で国連安保理は武力介入せず
➡ 1999 北大西洋条約機構(NATO)が**コソヴォ空爆**を実行、セルビア追放

1990年当時の民族分布
セルビア人／クロアティア人／ムスリム人／スロヴェニア人／アルバニア人／マケドニア人／モンテネグロ人／ハンガリー人／ブルガリア人

旧ユーゴスラヴィアの領域
オーストリア　ハンガリー　ルーマニア　スロヴェニア　クロアティア　ボスニア＝ヘルツェゴヴィナ　セルビア　ブルガリア　モンテネグロ　コソヴォ　北マケドニア　イタリア　アルバニア　ギリシア
クロアティア内戦(1991〜95)
ボスニア内戦(1992〜95)
コソヴォ紛争(1997〜99)

3　冷戦後の世界で、経済のグローバル化はどのように進展したのだろうか？

1　経済のグローバル化の進展、ヨーロッパの統合

❶ 冷戦終結後、国境をこえた人・物・資本の移動の自由化が進展
➡ インターネットの実用化で情報量が増加、地域間の交流も容易

❷ ヨーロッパの統合

1991.7　ワルシャワ条約機構の廃止

1993　マーストリヒト条約の締結 ➡ EC からヨーロッパ連合（EU）へと発展
（→ P.109参照）

1999　単一通貨であるユーロの導入

2004　東欧8カ国が加盟、EU 憲法の採択

＊ EU や NATO で東欧加盟が進む ➡ ロシアの反発を引きおこす

2007　リスボン条約　EU の政治統合を進める、EU 大統領の新設

2020　イギリスの EU 離脱

2　経済のグローバル化の進展、ヨーロッパの統合

❶ 北米自由貿易協定（1994、NAFTA）　アメリカ、カナダ、メキシコ

➡ 2020　アメリカ＝メキシコ＝カナダ協定（USMCA）を発効

❷ アジア太平洋経済協力（1989、APEC）

❸ 世界貿易機関（1995発足、WTO）　関税及び貿易に関する一般協定（GATT）にかわって、通商紛争の調停機能をもつ国際機関として発足

➡ 東欧諸国・ロシアの加盟を実現し、経済のグローバル化を推進

■経済を軸とした地域統合

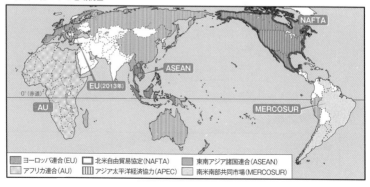

ヨーロッパ連合（EU）　北米自由貿易協定（NAFTA）　東南アジア諸国連合（ASEAN）
アフリカ連合（AU）　アジア太平洋経済協力（APEC）　南米南部共同市場（MERCOSUR）

開発途上国の民主化と地域紛争の激化

1 なぜ世界各地で民主化運動が高まったのだろうか？

① ラテンアメリカ

1980年代のラテンアメリカ　　**民政移管**の動き

❶ アルゼンチン
　　1982　イギリスと**フォークランド戦争** ➡ 1983　軍事政権の崩壊

❷ ブラジル
　　1964～　軍事政権 ➡ 1985　民政移管の決定

❸ チリ
　　1970　アジェンデによる**社会主義**政権の樹立
　　1973　軍事政権の樹立
　　1983　経済危機 ➡ 1988　国民投票で民政移管

❹ ベネズエラ
　　1999　**チャベス**が大統領に就任 ➡ 反米、社会主義的政策

■ラテンアメリカの民政移管

② 東南アジアとインド

❶ フィリピン
　　1986年の選挙不正の覚で**マルコス**の失脚 ➡ **アキノ**が大統領に就任

❷ インドネシア

スハルト大統領を中心とした独裁政権

➡️ アジア通貨危機(1997)で政権への批判の高まり ➡️ 1998 民政移管

❸ ベトナム

ⓐ 南部から国外に脱出する人々(ボート=ピープル)が発生 ➡️ 難民問題

ⓑ「ドイモイ(刷新)」(1986):市場開放、外国企業の進出による工業化で成長

❹ カンボジア

1975 ポル=ポト率いる**民主カンプチア**が政権を握る ⬅️ 中国の支援

> 理想 農業を基盤とする極端に閉鎖的な共産主義
> ➡️ 都市から農村への強制移住、従わない人々を虐殺

1978 ベトナムが反ポル=ポト派勢力を支援するために出兵
> ➡️ ポル=ポト政権を打倒

1979 中国がベトナムに侵攻 = 中越戦争の開始

1989 カンボジアからベトナム軍が撤退

1991 カンボジア和平協定 ➡️ 国際連合による暫定統治の開始

1993 **シハヌーク**を国王とする**カンボジア王国**の樹立

❺ ビルマ

1989 国名を**ミャンマー**と改称 ➡️ 軍事政権によって民主化運動を弾圧

2016 アウン=サン=スー=チーを実質的指導者とする文民政権の誕生

❻ インド

1966〜 国民会議**派**を中心とする政権

> ➡️ **インディラ=ガンディー**らが首相をつとめ社会主義的な計画経済推進

1991 国民会議派の政権が経済の自由化と外資導入を掲げる

1998 インド人民党を中心とした政権の成立 ➡️ 経済改革のさらなる推進

＊ IT革命の進展、グローバル化の流れに乗り、情報産業などを中心に急速な経済
成長を実現している

3 韓国と台湾

❶ 韓国

1979 朴正熙の暗殺 ➡️ 民主化運動の活性化

1980 光州事件(民主化を求める市民と軍隊との衝突) ➡️ **全斗煥**による鎮圧

> 展開 軍事政権が続くも、米ソ間の緊張緩和で韓国はソ連と国交正常化
> ➡️ 韓国・北朝鮮ともに国際連合に加盟(1991)
> ➡️ 中国との国交樹立(1992)

1992以降 文民出身の大統領が続く

1998 民主化運動の指導者金大中が大統領に就任 ➡️ 南北交流の推進

> ＊北朝鮮:金正日が政権を握る ➡️ 閉鎖的社会主義体制の維持

2000 **南北首脳会談**

❷ 台湾

1987 蒋経国によって戒厳令が解除
　　➡ 蒋経国の死後、李登輝によって民主化を推進
2000 直接選挙で民主進歩党の陳水扁が当選（国民党に属さない初の総統）

4 中国の民主化問題

❶ 文革終了後の中国：鄧小平が実権を掌握
　ⓐ 人民公社の解体、農業生産の請負制、外資導入など ➡ **社会主義市場経済**
　ⓑ 経済特別区（経済特区）の設置、一人っ子政策の実施
　ⓒ 西側諸国・ソ連との関係改善へ
　　➡ 英から**香港返還**（1997）
　　　＊**一国二制度**：香港では1997～2047年までの50年間、資本主義体制のシス
　　　　　　　　　　　テムをとり続けることとなっていたが、現在はほとんど形
　　　　　　　　　　　骸化
　ⓓ 天安門事件（1989）の発生 ➡ 民主化運動を政府が武力で弾圧、国際的批判
❷ 民族問題：チベット民族問題やウイグル民族問題などで国内外から批判

5 南アフリカ

❶ 第二次世界大戦後：多数派の黒人を隔離するアパルトヘイト政策の導入

　目的 少数派の白人による支配の維持

　内容 人種間の結婚の禁止、居住地域の制限など

　展開 **アフリカ民族会議（ANC）**の抵抗、国際的な批判の高まり

❷ デクラーク政権がアパルトヘイト政策の見直しに着手、差別法を撤廃（1991）
　➡ **アフリカ民族会議**の指導者マンデラが大統領に就任（1994）

2　世界各地の紛争・対立にはどのような背景があるのだろうか？

1 中東の紛争

❶ パレスチナ解放機構（PLO）とイスラエルの対立

1987末～ **インティファーダ**の開始
1988 PLOがパレスチナ国家（ガザ・ヨルダン川西岸）の独立宣言
1993 **オスロ合意**を締結
　　人物 PLOの**アラファト**議長、イスラエルの**ラビン**首相、
　　　　　クリントン米大統領
　　内容 相互承認とパレスチナの暫定自治を決定
2000 イェルサレムの帰属や難民の帰還権をめぐり対立
　　➡ 交渉決裂、再び大規模なインティファーダ、イスラエル軍との衝突

湾岸戦争後もペルシア湾岸地域に駐留を継続

2001.9.11 同時多発テロ事件
➡ アメリカの**ブッシュ(子)**政権の反撃
➡ **ウサーマ゠ビン゠ラーディン**はアフガニスタンの**ターリバーン**政権
に保護されているとして、同盟国とアフガニスタンに軍事攻撃・打倒

2002 イスラエルがパレスチナ自治政府をテロ支援国家とみなし軍事侵攻
➡ パレスチナ自治区とイスラエル領とを隔てる**分離壁**の建設に着手

＊**対テロ戦争**：人々を分断する不寛容な社会現象が生じる
➡ テロ事件の拡散

❸ **イラク戦争**(2003) **フセイン**政権を打倒 ➡ 大量破壊兵器は確認されず

❹ **シリア内戦**(2011〜) 「アラブの春」の影響で内戦が開始、国内秩序が崩壊

影響 「IS(イスラム国)」の出現、難民 ➡ 排外的な**ナショナリズム**の高揚

2 **アフリカの紛争**

❶ ルワンダ内戦(1994)：少数派の民族は多数虐殺される ➡ 多数の難民が発生
❷ **イスラーム過激派**の活動 ➡ 21世紀に入り **IS** などと連携した活動の活発化
❸ 紛争の背景：植民地期の人為的国境線による民族の分断、民族・宗教間の対立
➡ 政治的対立、資源の配分・地域間の経済格差をめぐる対立、難民の発生
➡ 国民国家としての統合が困難、紛争の発生と激化

❹ 紛争解決のための取組み
ⓐ 国連平和維持活動(PKO) 停戦監視、兵力引き離し、選挙監視、人道支援
ⓑ 国際 NGO 人道支援で大きな役割
ⓒ **国連難民高等弁務官事務所(UNHCR)** 難民に食糧支援などの国際的保護
ⓓ **アフリカ連合(AU)** 地域紛争に平和維持部隊を派遣、紛争解決と平和構築
➡ 国連と AU との連携も開始している

国際社会のなかの日本

1 55年体制はなぜ崩壊したのだろうか？

❶ 激動の1989年　昭和天皇死去 ➡ 元号が「**平成**」へ　**消費税**3％の実施
「**ベルリンの壁**」崩壊、東西冷戦終結
日本では国民の政治不信 ➡ 選挙制度改革、政党再編の動き

❷ 55年体制の崩壊
自民党内の意見対立 ➡ 総選挙で大敗、過半数割れ（「新党ブーム」）（1993）
非自民8党派による連立内閣が成立（細川護熙内閣）➡ **55年体制の崩壊**

2 55年体制崩壊後、政界の再編はどのように進んだのだろうか？

❶ 細川護熙・羽田孜内閣

非自民8党派による連立内閣、選挙制度改革（小選挙区比例代表並立制など）
➡ 政権内の対立が表面化して退陣 ➡ **羽田孜**内閣成立（1994）
➡ 日本社会党の離脱により、少数与党となり、退陣

❷ 村山富市内閣
自民・社会・新党さきがけ（自社さ）の連立政権成立（1994）
社会党は、自衛隊合憲、日米安保条約堅持など、従来の政策を転換

❸ 橋本龍太郎内閣
村山内閣の退陣後、自民党総裁の橋本龍太郎が連立内閣を
組織（1996）
➡ 保守対革新という構造から、不安定な連合政治の時代へ

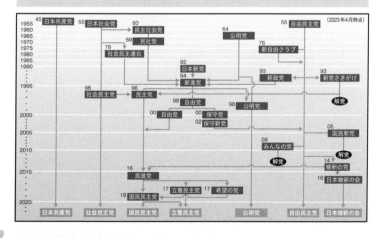

3 バブル経済はなぜ崩壊したのだろうか？

❶ バブル経済の崩壊

日銀による金融引締め(1989)

　➡ 株価、地価が下落(資産デフレ)

不良債権を抱えた金融機関の経営悪化、

金融不安広がる

❷ 平成不況へ

銀行の貸し渋り

　➡ 企業の設備投資停滞

　➡ 所得が減少

　➡ 個人消費減少

　➡ 長引く不況へ

企業の**リストラ**

　➡ 失業者の発生、雇用不安円高の進行 ➡ 輸出不振

＊輸出主導・大量生産 ➡ 内需不振・国際競争力低下

❸ 規制緩和

金融・流通分野を中心に**市場開放・規制緩和**が進む

独占禁止法改正(1997) ➡ 持株会社解禁、大規模小売店舗法廃止(1998)

GATT ウルグアイ＝ラウンド ➡ 農産物輸入自由化の原則受け入れ(1993)

　　　　　　　　　　　　　　＊**米の輸入自由化**(1999)

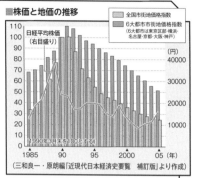

■株価と地価の推移

凡例：全国市街地価格指数／6大都市市街地価格指数(6大都市は東京区部・横浜・名古屋・京都・大阪・神戸)／日経平均株価(右目盛り)

(1990年3月末を100とする)

(三和良一・原朗編『近現代日本経済史要覧　補訂版』より作成)

4 日本はどのように国際貢献を果たしてきたのだろうか？

❶ 湾岸戦争

アメリカから国際貢献をせまられる

　➡ 多国籍軍には参加せず、資金援助をおこなう(1991)

地域紛争の増加 ➡ **国連平和維持活動(PKO)**の動き高まる

宮沢喜一内閣のもと成立した PKO 協力法にもとづき、自衛隊の**海外派遣**を実施(1992)

＊**カンボジア**へ派遣、道路工事などに従事

❷ 日米関係の新展開

宮沢首相と**ブッシュ(父)**大統領の会談

　➡ **日米グローバル＝パートナーシップ宣言**(1992)

＊日本は地球規模でアメリカへ軍事協力をおこなう

橋本龍太郎首相と**クリントン**大統領の会談 ➡ **日米安保共同宣言**(1996)

日米ガイドラインの改定(1997)

　➡ 「日本周辺有事」の際に自衛隊が米軍の後方支援

　➡ **アフガニスタン戦争、イラク戦争**に自衛隊派遣

❸ 政府開発援助

日本の政府開発援助(ODA)

　➡ ODA 大綱(開発と環境の両立、軍事用途は不可、民主化と人権に配慮など)

　➡ バブル経済崩壊後は減少、国益重視、日本の安全、国民利益の増進が掲げられる

5 「戦後50年」の節目には、どのような意義があったのだろうか?

❶ 長引く不況
「戦後50年」(1995) ➡ 日本は戦後最大の不況下
消費税5%に引上げ(社会保障改革) ➡ 個人消費縮小 ➡ 不況が深刻化

❷ 阪神・淡路大震災、テロ事件
マグニチュード7.3の大地震が阪神・淡路地方を襲い、6400人以上の死者(1995.1.17)
オウム真理教による**地下鉄サリン事件**
　　➡ 市民への無差別テロとして世界に衝撃(1995.3)

❸ **戦後50年**と基地問題
「戦後50周年の終戦記念日にあたって」として**村山富市首相が談話**を発表
(1995.8.15)
　　➡ 日本の植民地支配と侵略について謝罪(村山談話)

＊以後、歴代の内閣が引き継ぎ、日本政府の公式見解

沖縄で米兵による**少女暴行事件**
　　➡ 県民集会(基地縮小、安保体制の見直しを主張)(1995)

資 料

村山内閣総理大臣談話「戦後50周年の終戦記念日にあたって」(1995.8.15)

……いま、戦後50周年の節目に当たり、われわれが銘記すべきことは、来し方を訪ねて歴史の教訓に学び、未来を望んで、人類社会の平和と繁栄への道を誤らないことであります。

わが国は、遠くない過去の一時期、国策を誤り、戦争への道を歩んで国民を存亡の危機に陥れ、植民地支配と侵略によって、多くの国々、とりわけアジア諸国の人々に対して多大の損害と苦痛を与えました。私は、未来に誤り無からしめんとするが故に、疑うべくもないこの歴史の事実を謙虚に受け止め、ここにあらためて痛切な反省の意を表し、心からのお詫びの気持ちを表明いたします。また、この歴史がもたらした内外すべての犠牲者に深い哀悼の念を捧げます。

敗戦の日から50周年を迎えた今日、わが国は、深い反省に立ち、独善的なナショナリズムを排し、責任ある国際社会の一員として国際協調を促進し、それを通じて、平和の理念と民主主義とを押し広めていかなければなりません。同時に、わが国は、唯一の被爆国としての体験を踏まえて、核兵器の究極の廃絶を目指し、核不拡散体制の強化など、国際的な軍縮を積極的に推進していくことが肝要であります。これこそ、過去に対するつぐないとなり、犠牲となられた方々の御霊を鎮めるゆえんとなると、私は信じております。

「杖るは信に如くは莫し」と申します。この記念すべき時に当たり、信義を施政の根幹とすることを内外に表明し、私の誓いの言葉といたします。

(外務省「村山内閣総理大臣談話」)

6 21世紀の政治の特徴と課題は何だろうか？

❶ 小泉純一郎内閣

自民党総裁の小泉純一郎が連立内閣を組織(2001) ➡ 新自由主義的な政策を推進
大胆な民営化と規制緩和 ➡ 郵政事業民営化関連法成立(2005)
⬌ 福祉政策後退、地方経済の疲弊、**所得格差・地域格差**の広がり

❷ 民主党政権の成立

小泉内閣の後、安倍晋三・福田康夫・麻生太郎と短命内閣続く
リーマン゠ショックから1年後の総選挙で**民主党**が圧勝、鳩山由紀夫内閣成立(2009)
菅直人内閣の時、東日本大震災が発生(2011.3)、菅内閣総辞職
　➡ 野田佳彦内閣成立 ➡ 総選挙で民主党が大敗
　➡ 第2次安倍内閣成立(自公連立)(2012)

❸ 第2次安倍晋三内閣

「戦後レジーム(戦後体制)からの脱却」を掲げ、憲法改正を主張
安全保障関連法案を強行採決、憲法9条の解釈を変更し、**集団的自衛権**行使可能に(2015)

[現代世界の諸課題——日本・世界の人口と少子高齢化]

　国連によると、世界の人口は2011年に70億人に達したとされている。その一方で、日本をはじめとする先進国では少子高齢化が進んでいる。日本の人口は2008(平成20)年には1億2800万人であったが、2018(平成30)年には1億2600万人となり、2045年には1億人を割るとされている。多くの先進国で人口減少社会の到来が予想されるなか、持続可能な社会を維持していくため、多様な対策が求められている。

■世界人口の推移

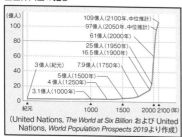

(United Nations, *The World at Six Billion* および United Nations, *World Population Prospects 2019* より作成)

■日本の人口ピラミッド

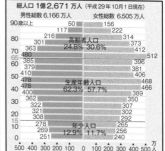

(総務省「人口推計」より作成)

〈著者〉

仙田　直人（成蹊中学・高等学校校長）

太田尾智之（東京都立国立高等学校）

金田　典子（品川女子学院）

佐藤　慎也（東京都立大泉高等学校・同附属中学校）

武藤　正人（東京都立立川高等学校）

〈編集協力〉

品川女子学院の生徒のみなさん

表紙・本文デザイン・イラスト　株式会社ウエイド（山岸全）

スマホでまるっと攻略　歴史総合

2023 年 12 月　初版発行

編　者	仙田　直人
発行者	野澤　武史
発行所	株式会社　山川出版社
	〒 101-0047　東京都千代田区内神田 1-13-13
	電話　03-3293-8131（営業）　03-3293-8135（編集）
	https://www.yamakawa.co.jp/
印刷所	株式会社　太平印刷社
製本所	株式会社　穴口製本所

ISBN978-4-634-05813-2　　　　　　　　　　　　　　　NMIN0101